나만의 여행을 찾다보면 빛나는 순간을 발견한다.

잠깐 시간을 좀 멈춰봐.
잠깐 일상을 떠나 인생의 추억을 남겨보자.
후회없는 여행이 되도록
순간이 영원하도록
Dreams come true.

Right here.
세상 저 끝까지 가보게

뉴 노멀^{New normal} 이란?

뉴 노멀 New normal 이란?

흑사병이 창궐하면서 교회의 힘이 약화되면서 중세는 끝이 나고, 르네상스를 주도했던 두 도시, 시에나(왼쪽)와 피렌체(오른쪽)의 경쟁은 피렌체의 승리로 끝이 났다. 뉴 노멀 시대가 도래하면 새로운 시대에 누가 빨리 적응하느냐에 따라 운명을 가르게 된다.

전 세계는 코로나19 전과 후로 나뉜다고 해도 누구나 인정할 만큼 사람들의 생각은 많이 변했다. 이제 코로나 바이러스가 전 세계로 퍼진 상황과 코로나 바이러스를 극복하는 인간의 과정을 새로운 일상으로 받아들여야 하는 뉴 노멀New normal 시대가 왔다.

'뉴 노멀New normal'이란 시대 변화에 따라 과거의 표준이 더 통하지 않고 새로운 가치 표준이 세상의 변화를 주도하는 상태를 뜻하는 단어이다. 2008년 글로벌 금융위기를 겪으면서 세계 최대 채권 운용회사 핌코PIMCO의 최고 경영자 모하마드 엘 에리언Mohamed A. El-Erian이 그의 저서 '새로운 부의 탄생When Markets Collide'에서 저성장, 규제 강화, 소비 위축, 미국 시장의 영향력 감소 등을 위기 이후의 '뉴 노멀New normal' 현상으로 지목하면서 사람들에게 알려졌다.

코로나19는 소비와 생산을 비롯한 모든 경제방식과 사람들의 인식을 재구성하고 있다. 사람 간 접촉을 최소화하는 비대면을 뜻하는 단어인 언택트Untact 문화가 확산되고 기업, 교육, 의료 업계는 비대면 온라인 서비스를 도입하면서 IT 산업이 급부상하고 있다. 바이러스가 사람간의 접촉을 통해 이루어지므로 사람간의 이동이 제한되면서 항공과 여행은 급제동이 걸렸다. 해외로의 이동은 거의 제한되지만 국내 여행을 하면서 스트레스를 풀기도 한다.

소비의 개인화 추세에 따른 제품과 서비스 개발, 협업의 툴, 화상 회의, 넷플릭스 같은 홈 콘텐츠가 우리에게 다가오고 있으며, 문화산업에서도 온라인 콘텐츠 서비스가 성장하고 있다. 기업뿐만 아니라 삶을 살아가는 우리도 언택트Untact에 맞춘 서비스를 활성화하고 뉴 노멀New normal 시대에 대비할 필요가 있다.

뉴 노멀(New Normal) 여행

뉴 노멀New Normal 시대를 맞이하여 코로나 19이후 여행이 없어지는 일은 없지만 새로운 여행 트랜드가 나타나 우리의 여행을 바꿀 것이다. 그렇다면 어떤 여행의 형태가 우리에게 다가올 것인가? 생각해 보자.

■ 장기간의 여행이 가능해진다.

바이러스가 퍼지는 것을 막기 위해 재택근무를 할 수 밖에 없는 상황에 기업들은 재택근무를 대규모로 실시했다. 그리고 필요한 분야에서 가능하다는 사실을 알게 되었다. 재택근무가 가능해진다면 근무방식이 유연해질 수 있다. 미국의 실리콘밸리에서는 필요한 분야에서 오랜 시간 떨어져서 일하면서 근무 장소를 태평양 건너 동남아시아의 발리나 치앙마이에서 일하는 사람들도 있다.

이들은 '한 달 살기'라는 장기간의 여행을 하면서 자신이 원하는 대로 일하고 여행도 한다. 또한 동남아시아는 저렴한 물가와 임대가 가능하여 의식주가 저렴하게 해결할 수 있다. 실리콘밸리의 높은 주거 렌트 비용으로 고통을 받지 않지 않는 새로운 방법이 되기도 했다.

■ 자동차 여행으로 떨어져 이동한다.

유럽 여행을 한다면 대한민국에서 유럽까지 비행기를 통해 이동하게 된다. 유럽 내에서는 기차와 버스를 이용해 여행 도시로 이동하는 경우가 대부분이었지만 공항에서 차량을 렌트하여 도시와 도시를 이동하면서 여행하는 것이 더 안전하게 된다.

자동차여행은 쉽게 어디로든 이동할 수 있고 렌터카 비용도 기차보다 저렴하다. 기간이 길면 길수록, 3인 이상일수록 렌터카 비용은 저렴해져 기차나 버스보다 교통비용이 저렴해진다. 가족여행이나 친구간의 여행은 자동차로 여행하는 것이 더 저렴하고 안전하다.

소도시 여행

여행이 귀한 시절에는 유럽 여행을 떠나면 언제 다시 유럽으로 올지 모르기 때문에 한 번에 유럽 전체를 한 달 이상의 기간으로 떠나 여행루트도 촘촘하게 만들고 비용도 저렴한호스텔에서 지내는 것이 일반적이었다. 하지만 여행을 떠나는 빈도가 늘어나면서 유럽을한 번만 여행하고 모든 것을 다 보고 오겠다는 생각은 달라졌다.

유럽을 여행한다면 유럽의 다양한 음식과 문화를 느껴보기 위해 소도시 여행이 활성화되고 있었는데 뉴 노멀New Normal 시대가 시작한다면 사람들은 대도시보다는 소도시 여행을선호할 것이다. 특히 유럽은 동유럽의 소도시로 떠나는 여행자가 증가하고 있었다. 그 현상은 앞으로 증가세가 높을 가능성이 있다.

■ 호캉스를 즐긴다.

타이완이나 동남아시아로 여행을 떠나는 방식도 좋은 호텔이나 리조트로 떠나고 맛있는 음식을 먹고 나이트 라이프를 즐기는 방식으로 달라지고 있다. 이런 여행을 '호캉스'라고 부르면서 젊은 여행자들이 짧은 기간 동안 여행지에서 즐기는 방식으로 시작했지만 이제는 세대에 구분 없이 호캉스를 즐기고 있다. 유럽에서는 아프리카와 가까운 지중해의 몰타가 호캉스를 즐기기 좋은 곳으로 유럽여행자들에게 인기를 끌고 있다.

코로나 바이러스로 인해 많은 관광지를 다 보고 돌아오는 여행이 아닌 가고 싶은 관광지와 맛좋은 음식도 중요하다. 이와 더불어 숙소에서 잠만 자고 나오는 것이 아닌 많은 것을 즐길 수 있는 호텔이나 리조트에 머무는 시간이 길어졌다. 심지어는 리조트에서만 3~4일을 머물다가 돌아오기도 한다.

Contents

뉴노멀이란?
Intro

■ ABOUT 프랑스 | 18

■ 프랑스 여행에 꼭 필요한 INFO | 42

칸 국제 영화제 둘러보기
칸 한눈에 파악하기 / 칸 국제 영화제
볼거리
노트르담 드 레스페랑스 성당 / 칸 항구 / 페스티발 궁 & 국회의사당
카스트르 박물관 / 라 크루아제뜨라 크로와셋

■ 아비뇽 | 246

요새 도시, 아비뇽
아비뇽 한눈에 파악하기
볼거리
아비뇽 성당 / 아비뇽 교황청 / 생 베네제 다리 / 로셰 데 돔

Intro

그동안 나는 프랑스를 자주 여행했지만 프랑스에 대해 특별한 감정이 없었다. 이탈리아와 이탈리아의 북부 알프스를 좋아했다. 그래서 프랑스에 대해 오해를 가지고 있었는지도 모르겠다는 생각을 하게 된 것은 2022년 프랑스 여행에서 처음 가지게 되었다.

와인에 대해 관심이 많아졌던 터라 이탈리아의 와인 산지를 보다가 프랑스는 어떻게 다른지 알고 싶어져 자동차로 남프랑스를 따라 보르도로 올라가려고 프랑스 여행이 시작되었다. 그런데 프랑스에서의 시간은 상당히 길어졌다. 날씨도 좋고 아름다운 해안과 중세의 분위기, 작은 소도시에서 나는 점점 프랑스에 빠져들었다. 게다가 잘 정비된 도로는 자동차만 있으면 프랑스의 어느 도시든 쉽게 갈 수 있는 자동차에 친화적인 나라, 프랑스에 대해 관심이 집중되었다. 그렇게 프랑스 자동차 여행 가이드북은 탄생하게 되었다.

유럽에서 특별한 휴가를 보내고 싶다면, 시간이 멈춘 프랑스의 소도시, 특별한 분위기를 자아내는 프랑스를 자동차로 여행하는 것을 추천한다. 중부의 도시들은 프랑스의 역사와 함께 중세의 분위기를 느끼면서 영국이나 스페인과는 다른 독특한 건축양식과 문화를 가지고 있다. 특히 남부의 프랑스는 따뜻한 햇살이 1년 내내 비추어준다. 한 여름에도 시원하게 불어오는 바람을 맞을 수 있는, 뜨거운 햇빛이 비추는 해변이 프랑스가 당신을 기다리고 있다.

1년 내내 온화하고 화창한 지중해성 기후, 프렌치 리비에라의 멋진 해안과 광활한 알프스 산맥이 어우러져 만들어낸 천혜의 자연 풍경, 프랑스를 대표하는 유명 휴양 도시, 향기로운 라벤더밭과 포도밭이 펼쳐진 아기자기한 시골길, 오래된 역사와 전통만큼이나 풍부한 문화유산. 프로방스는 프랑스 남부 지역의 매력을 제대로 느낄 수 있는 여행지로, 전 세계인의 사랑을 받고 있다.

우리가 알고 있던 파리의 더러운 도시의 분위기와는 다른 느낌을 보고 느낄 수 있는 초록이 뭉게구름과 함께 피어나, 깊은 숨을 쉴 수 있는 프랑스의 각 도시들은 마음대로 감정이 샘솟는 여행지가 프랑스이다. 또한 음식과 와인문화가 발달한 프랑스에서 최고의 레스토랑에서 음식을 먹으며 빠져드는 프랑스는 여행에서 매우 중요한 역할을 하고 있다.

관광객은 누구나 프랑스 여행을 꿈꾼다. 하지만 프랑스의 도시들을 여행하기에 프랑스의 대중교통은 좋은 편이 아니다. 자동차로 프랑스의 도시를 여행하는 것은 최적의 조합이라고 할 수 있다. 아침, 저녁으로 긴 팔을 입고 있던 바다부터 따뜻하지만 건조한 빛이 나를 감싸는 프랑스의 아름다운 해안 모습이 생생하게 눈으로 전해온다.

ABOUT
프랑스

France

■ 전 세계 관광객이 찾는 1위 도시 파리

예술의 도시, 낭만의 도시, 연인의 도시 등 다양한 단어로 불리고 있는 파리는 누구나 한번은 꼭 가보고 싶어 하는 매력적인 도시이다.

낭만적인 시구를 떠올리는 파리에서 즐겨 찾는 세느 강과 미라보 다리, 가을이면 낭만적인 음악이 흘러나오는 카페, 가로수가 줄지어 선 뤽상부르 공원, 가난하지만 자유로운 예술혼을 가진 예술가들을 만나 볼 수 있는 몽마르트 언덕, 세계적인 작품들과 마주하는 감동을 느낄 수 있는 루브르와 오르세 미술관, 오랑주리 미술관 등 볼거리가 넘쳐난다. 아직도 파리에 들르면 낭만적인 샹젤리제 거리와 노천카페에 앉아 피리지엥처럼 햇살을 즐기며 한 잔의 커피를 마시는 여유도 느껴 보고 싶어진다.

전 세계의 모든 자연

프랑스는 자신들의 특징으로 다양성을 꼽는다. 지형적으로 서유럽에서 가장 넓은 나라인 프랑스는 지구상의 모든 자연이 다 있다고 한다. 북쪽의 넓은 평야지대부터 깎아지른 듯한 절벽과 해안, 맑고 푸른 호수, 빙하에 뒤덮인 알프스 산맥, 사막에서나 볼 수 있는 모래 언덕, 하얀 모래가 끝없이 펼쳐진 해변과 푸른 숲, 포도밭 등이다.

문화적 다양성의 대명사

문화적인 면에서도 오랜 세월 동안 다른 유럽 국가에 비해 많은 이민자들을 받아들였기 때문에 다양한 문화, 음식, 예술이 프랑스 고유의 면과 섞여 독창적이고 다양한 프랑스 문화로 재창조되었다.

■ 끝없이 변화하는 국가

지리적으로도 영국과 이탈리아, 벨기에와 스페인, 북아프리카와 스칸디나비아의 교차로에 있는 중심국으로 예부터 유럽에서 중심국으로 교류해왔던 국가였지만 프랑스는 한 때 유럽 서쪽 변두리에 속한 미미한 존재였다. 중세시대부터 로마를 이어왔던 프랑크왕국으로 활동하면서 점차 유럽에서 역할을 확대하면서 존재감이 부각이 되기 시작했다.

유럽이 하나의 통합체를 형성하려는 현재에 이르러서는 핵심적 역할을 하는 강대국이다. 유럽이 하나의 통합체인 EU를 형성하려는 시기부터 핵심적 역할을 했던 덕분에 유럽연합에서 중추적인 나라로 활동하고 있다.

■ 다양한 여행지

프랑스는 서유럽에서 가장 큰 국가이고 정말 다양한 여행지가 있다. 3,000㎞가 넘는 해안선, 4개의 주요 산맥과 어디든 볼 수 있는 숲 등 다양한 자연 풍경을 선택해 여행할 수 있다. 프랑스의 길고 풍부한 역사가 남긴 많은 성과 요새 도시가 있어서 중세 시대로 여행을 떠날 수도 있다.

유명한 프랑스 요리

프랑스는 특히 요리로 유명하다. 지역마다 특징적인 음식이 도시를 풍부하게 만든다. 마르세유 해산물 '부야베스'나 푸짐한 부르고뉴의 스튜 요리인 '코코뱅'처럼 맛있는 특선 요리가 있다.

프랑스 치즈와 와인은 유명하다. 도시마다 자연과 함께 즐기는 요리는 대도시의 고급스런 럭셔리함과 세련미부터 전원의 소박한 매력까지 같이 즐기기 때문에 더욱 인상 깊게 느껴진다. 파리의 로맨틱한 카페, 리옹의 맛집 탐방, 프렌치 리비에라의 해변 휴양지, 발디제르의 스키 여행 등은 요리와 함께 여행자의 기억에 깊게 뿌리 내린다.

한눈에 보는 프랑스

서유럽에서 국토의 면적이 가장 넓은 나라로 다양한 기후와 자연을 볼 수 있다. 북쪽의 평야지대부터 남쪽의 지중해와 하얀 모래가 펼쳐지는 해변, 중부에는 빙하에 뒤덮인 알프스 산맥도 있다.

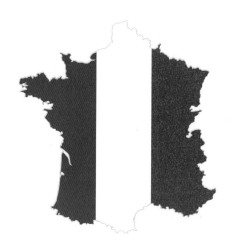

▶**수도** | 파리
▶**면적** | 5,490만 8,700ha (48위)
▶**인구** | 6,558만 4,514명 (22위)
▶**언어** | 프랑스어
▶**화폐** | 유로(€)
▶**GDP** | 38,625달러
▶**종교** | 가톨릭, 신교, 유대교, 이슬람교
▶**시차** | 7시간 느리다.(서머 타임 때는 8시간)

FRANCE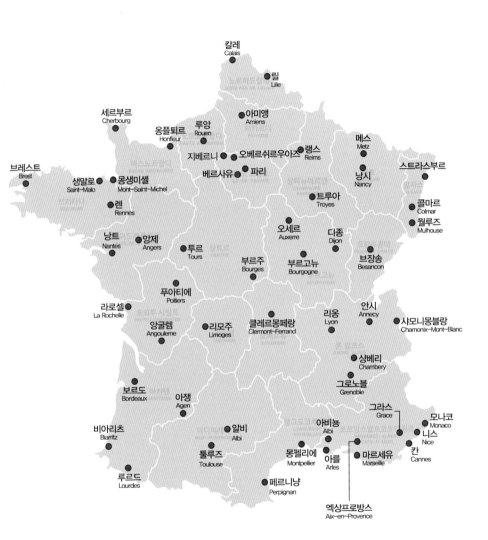

칼레
Calais

릴
Lille

세르부르
Cherbourg

옹플뢰르
Honfleur

루앙
Rouen

아미앵
Amiens

메스
Metz

브레스트
Brest

생말로
Saint-Malo

몽생미셸
Mont-Saint-Michel

지베르니

베르사유

오베르쉬르우아즈

파리

랭스
Reims

낭시
Nancy

스트라스부르

렌
Rennes

트루아
Troyes

콜마르
Colmar

뮐루즈
Mulhouse

낭트
Nantes

앙제
Angers

투르
Tours

오세르
Auxerre

디종
Dijon

브장송
Besancon

부르주
Bourges

부르고뉴
Bourgogne

푸아티에
Poitiers

라로셸
La Rochelle

앙굴렘
Angouleme

리모주
Limoges

클레르몽페랑
Clermont-Ferrand

리옹
Lyon

안시
Annecy

샤모니몽블랑
Chamonix-Mont-Blanc

샹베리
Chambery

그로노블
Grenoble

보르도
Bordeaux

아쟁
Agen

그라스
Grace

모나코
Monaco

비아리츠
Biarritz

알비
Albi

아비뇽
Albi

니스
Nice

칸
Cannes

툴루즈
Toulouse

몽펠리에
Montpellier

아를
Arles

마르세유
Marseille

루르드
Lourdes

페르니냥
Perpignan

엑상프로방스
Aix-en-Provence

지리

국토의 면적이 약 55만㎢에 걸쳐 있는 프랑스는 북쪽에서 남쪽, 동쪽에서 서쪽으로 1,000㎞의 길이를 지닌다. 유럽에서 러시아와 우크라이나 다음으로 3번째로 큰 규모를 자랑한다.

또한 프랑스는 4곳의 해안선이 맞닿아 있다. 북해, 영불 해협, 대서양, 지중해로 해안선 총길이는 3,427㎞에 달한다. 북─동부 지역을 제외하고 영토는 바다로 둘러 싸여 있으며, 랭Rhin, 쥐라Jura, 알프스Alpes, 피레네Pyrénées의 고루 형성된 산맥은 자연적인 국경지대를 이루고 있다.

기후

사계절을 지닌 프랑스는 일반적으로 연중 온화한 기후를 자랑한다. 유럽의 기후는 보통 해양성 · 대륙성 · 지중해성으로 나누어지는데, 프랑스에는 이 3가지 기후가 모두 나타나 지역마다 다양한 특징을 지닌다.

서부의 해양성 기후는 연중 강수량이 높으며, 대체적으로 온도가 낮다. 중부와 동부의 대륙성 기후는 겨울에 강한 추위와 여름에는 뜨거운 더위가 동반된다. 남 프랑스에는 지중해성 기후로 여름철 건조 기후와 열기가 뜨거워서 일조량이 많고, 일반적으로 10월~이듬해 4월까지는 습하며 온화한 기후를 가진다. 국경에 닿아 있는 산악 기후에는 강수량이 높으며, 연중 3~6개월 동안 눈이 내린다.

프랑스 사계절

프랑스는 서유럽에서 가장 국토가 넓은 나라가 프랑스이다. 국토가 넓은 만큼 프랑스에는 지구 상의 모든 자연이 다 있다고 할 정도로 프랑스는 다양함을 가진 나라이다. 북쪽의 넓은 평야지 대에서부터 깎아지른 듯한 절벽과 해안, 맑고 푸른 호수, 빙하에 뒤덮인 알프스 산맥, 사막에서 나 볼 수 있는 모래 언덕, 하얀 모래가 끝없이 펼쳐진 해변과 푸르른 숲, 포도밭 등 프랑스에는 다양한 자연이 펼쳐져 있다.

프랑스는 전 국토에서 4계절이 뚜렷하며 남쪽의 해안지역은 지중해성 기후를, 내륙 지역은 대륙 성 기후를 보인다. 하지만 프랑스 사람들은 프랑스의 날씨를 질문하면 남프랑스의 기후인 여름 에는 덥고 건조하며, 겨울에는 따뜻하고 비가 내리는 지중해성 기후로 설명하곤 한다.

국토가 서유럽에서 가장 넓다보니 지역에 따라 다양한 기후가 나타난다. 지중해 연안인 프랑스 의 남부는 1년 내내 따뜻하지만 프랑스 중남부의 리옹은 더운 여름과 추운 겨울의 기온 차이가 크다. 봄과 가을의 평균기온은 8°~21°, 여름은 25°~45°, 겨울은 0°~12°를 나타낸다. 강수량은 지 역적으로 남부는 300mm 이하로 건조하지만 프랑스 북부는 멕시코 난류의 영향으로 800mm 이상 지역으로 편차를 보인다.

프랑스 여행을 떠나야 하는 이유

■ 설레임을 만드는 유혹의 나라

유럽의 지도를 보면 프랑스는 남부의 지중해부터 북부의 대서양까지 국토도 넓지만 다양
한 기후를 가진 서유럽 중앙에 자리를 잡은 나라이다. 국토가 넓은 만큼 독특한 것들이 다
모여 있는 나라가 프랑스이다. 또한 이탈리아와 국경선을 접하고 있어서 잠시 교황이 들어
서기도 하고, 문화로 대변되는 수천 년의 역사, 맛있는 요리 등은 전 세계의 사람들이 여행
을 하고 싶은 유혹의 나라로 만들었다.

맛있는 음식의 대명사 & 와인의 천국

대부분의 프랑스 여행은 수도인 파리를 중심으로 동부의 스트라스부르, 남부의 니스, 모나코뿐만 아니라 중부의 리옹과 북부의 노르망디 같은 사람들이 찾지 않는 소도시를 적절히 섞어 여행한다면 더할 나위 없이 맛의 대명사인 프랑스 음식을 대부분 맛볼 수 있을 것이다. 맛있는 음식과 와인의 천국에서 와인을 음미하며 패션을 선도하는 프랑스를 구경하는 기본적인 욕구 충족도 빼놓을 수 없는 기쁨 중 하나일 것이다.

▨ 다양한 여행 경험

파리의 유적들과 중부의 중세 마을, 남프랑스 등 프랑스에는 볼거리가 가득한 도시들이 곳곳에 숨어 있다. 다양한 경험을 위해 프랑스에서만 한 달 이상을 여행하는 장기여행자도 수두룩하다. 가을 수확이 끝나는 9월부터 프랑스 와인의 본고장인 보르도와 부르고뉴에서 함께하는 축제를 경험하는 것도 프랑스 여행의 재미이다.

▨ 아름다운 소도시

중세 성벽에 둘러싸인 아름답고 온화한 아비뇽은 강 옆에 건설되어 적갈색의 장엄한 고딕
건물들이 즐비하고, 남프랑스의 앙티브와 니스를 비롯한 해안도시들은 아름다운 중세 마을
들이 많다. 중세시대까지 작은 마을에 불과했던 작은 도시들은 1년 365일 햇빛을 보면서 쉴
수 있는 '코트다쥐르'로 지금은 너무나 유명해져 전 세계 사람들의 사랑을 받고 있다.

▨ 가족과 함께하는 일상

프랑스는 서유럽에 비해 가족 공동체를 중요하게 생각한다. 그래서 가족과 함께 일상을 즐기고 가족에 대한 애정이 남다르다. 처음에 그들과 함께 일상을 즐기기는 쉽지 않지만 일단 서로 친절하게 다가가면 가족처럼 따뜻하게 대한다. 의외로 친절한 태도는 여행자를 감동시키고 다시 찾아오고 싶은 느낌을 받게 만들어준다.

프랑스를 확실하게 이해하는 방법

남 프랑스 한눈에 파악하기

남 프랑스는 마르세유를 중심으로 남부의 휴양지 도시들과 마르세유의 혼합된 문화에 대해 알면 이해가 쉬워진다. 프랑스에서 3번째로 큰 도시인 마르세유는 파리처럼 2개 구역으로 나뉜다. 멀리 웅장한 생장 요새Fort Saint-Jean가 어렴풋이 보이고 예스러운 마르세유 구항이 있다. 마조La Major 대성당과 노트르담 듀몽의 외관을 보면 정교함에 감탄이 나온다. 칼랑키 국립공원Calanques National Park에서 석회암 절벽과 유입구를 볼 수 있다.

지중해의 해안 도시에서 북쪽으로 조금만 가면 매혹적인 요새 도시인 아비뇽이 있다. 아비뇽 성벽Avignon City Walls 안을 거닐고 아비뇽 성당을 둘러보자. 교황청을 보고 유명한 중세 아비뇽의 남아 있는 4개 아치를 보면 좋다. 근처의 엑상프로방스Aix-en-Provence의 예스러운 자갈길을 따라 거닐고, 아틀리에 드 세잔Atelier de Cézanne에서 프랑스에서 가장 위대한 예술가를 만날 수 있다.

동쪽으로 가면 항구 도시인 툴롱과 부유층, 유명인들이 일광욕을 하러 자주 오는 생트로페Saint-Tropez가 있다. 조금 더 가면 칸, 앙티브, 언덕 위에 있는 도자기 마을인 비오Bio에 도착

한다. 니스^{Nice}는 예술가, 박물관, 프롬나드 데 장글레^{Promenade des Anglais}라는 이름의 해안 도로, 콰이 드 에타 우니^{Quai des États Unis}로 유명하다.

화창한 지역에서 치즈, 와인, 올리브를 맛보면서 식사를 즐기고, 코트 다쥐르^{Côte d'Azur}의 여름은 햇살이 좋고 뜨거우며 겨울은 온화하다. 하지만 봄에는 프랑스 남부의 매혹적인 춥고 거센 바람을 만날 수 있다. 알프스－드－오트－프로방스^{Alpes-de-Haute-Provence}는 고도가 높아 여름에는 폭풍우가 오고 겨울은 춥다.

프로방스－알프스－코트 다쥐르는 해변, 스키 리조트, 유서 깊은 장소가 있는 예스러운 마을이 완벽하게 조화를 이루고 있다. 그림 같은 남 프랑스는 론 ^{Rhône River} 서쪽과 지중해에서 프렌치 알프스까지 이탈리아 국경과 마주하고 있다. 니스 코트 다쥐르 국제공항^{Nice Côte d'Azur International Airport}, 마르세유 프로방스 공항^{Marseille Provence Airport}까지 비행기를 타고 렌터카나 기차를 타면 남 프랑스에 닿을 수 있다.

■ 남프랑스를 일컫는 2가지 단어

남프랑스를 이야기하면서 떠오르거나 들었던 단어들은 무엇이 있을까? 프로방스^{Provence}와 코트 다쥐르^{Côte d'Azur}라는 단어일 것이다. 여름은 햇살이 좋고 뜨거우며 겨울은 온화한 남 프랑스는 론강^{Rhône River} 서쪽과 지중해에서 프랑스 알프스까지 이탈리아 국경과 마주하고 있다. 장렬하는 남프랑스는 휴양지로 유명하여 많은 유명인들이 겨울을 보내는 프로방스 지방이기도 하다.

프로방스(Provence)

프로방스는 론Rhone 강 양쪽을 따라 발달된 지역으로 이전에 리구리안, 켈트족, 그리스인들이 정착한 지역이다. 하지만 이 지역이 본격적으로 발전되기 시작한 것은 1세기 중반에 카이사르가 점령한 후부터로 로마 시대의 유명한 건축양식들은 아를Srles, 님Nimes 지역에서 볼 수 있다. 14세기에는 프랑스 출신 교황으로 인해 가톨릭교회가 로마에서 남프랑스의 아비뇽Avignon으로 옮겨온 적이 있었는데, 그 때가 아비뇽의 전성기였다.

코트 다쥐르Côte d'Azur

남프랑스로 기차를 타고 이동하면 지중해 해안을 끼고 달리며 마르세유를 거쳐 니스, 모나코, 칸느 등의 해변 휴양도시를 지난다. 여름이면 '코트 다쥐르Côte d'Azur'라고 불리는 지중해에 접한 휴양지에는 프로방스 – 알프스 – 코트 다쥐르Provence-Alpes-Côte d'Azur이다.

코트 다쥐르Côte d'Azur는 유명인들과 일광욕을 즐기는 사람들이 모이는 고급 관광지로, 유명한 칸 영화제Cannes Film Festival, 고급 리조트 타운, 전통적인 역사 센터가 유명하다.

프 랑 스
여 행 에
꼭필요한
INFO

프랑스의 역사

선사
시대

프랑스 지역에 거주의 흔적이 나타난 것은 9~4만 년 전, 구석기 시대 중반이며, 기원전 25,000년 경 석기 시대 크로마뇽인들은 동굴벽화와 조각품들로 그들의 존재를 알렸다. 또한 신석기 시대가 존재했었다는 것을 입증해 주는 것으로는 기원전 4,000~2,500년 경의 거석과 고인돌이다. 청동기 시대가 시작하면서 고리와 주석의 수요로 기원전 2,000경에는 프랑스와 그 외 유럽 국가들이 발전하기 시작했다.

고대
시대

프랑스 원주민은 원래 리구리아 인으로, 켈트족 고울 인들이 기원전 1,500~500년에 이주해 와 그들을 정복하고 동화시켰다. 기원전 600년 경에는 마르세유를 중심으로 한 지중해 연안에 식민지를 경영하던 그리스와 무역을 하기도 했지만 여전히 그 당시 서양 문명의 중심인 그리스 입장에서 볼 때는 변두리의 매기 지역이었을 뿐이다.

로마시대에는 북쪽으로 진출하려는 로마인들을 맞아 고울 족이 몇 백 년 동안에 걸쳐 싸웠다. 그러나 결국 카이사르가 고울 족을 지배하게 되었고 그에 항거해 기원전 52년에 고울 족 대장 베르생 제토리가 폭동을 일으켰으나 실패했다. 그 후, 로마의 지배를 받으며 로마 문화를 흡수하고 2세기에 기독교가 도입된다. 게르만 인들이 로마 영역 밖에

서 침략을 일삼고 있을 때인 5세기까지도 프랑스는 로마 통치하에 있었다.

현대의 프랑스를 이야기하려면 먼저 유럽의 전체적인 역사를 알아야 한다. 서양 문명의 시작은 지중해를 중심으로 발전한 그리스, 로마 문화이다. 그런데 이 문명권 밖에서 살고 있던 종족이 바로 게르만 인이었다. 로마의 지배를 받지 않고 유럽 북동쪽에 살고 있던 게르만 인들은 문화 수준은 낮았지만 착실하고 개척 정신이 강했다. 게르만 인들은 크게 북, 동, 서부의 3개 지역으로 나누어 살았는데 북게르만 인은 덴마크, 스웨덴, 노르웨이의 조상이 되고 동게르만 인은 후일 프랑스, 이탈리아 지역으로 진출하고 로마 제국을 멸망시키면서 라틴 족과 섞이게 된다. 서게르만 인은 지금의 앵글로 색슨, 독일, 네덜란드인의 조상이 된다. 게르만의 대이동은 동양에서 온 훈족의 침입 때문이었고 이로 인해 전 유럽은 격동기에 들어선다. 이런 이동과 통합 과정에서 유럽 지역은 로마인과 게르만 인이 융합되고 기독교를 바탕으로 한 독특한 사회, 문화가 형성된다.

이런 대통합의 왕국이 바로 프랑크 왕국이었다. 라인 강 북쪽에 살던 프랑크족은 5세기 경 전 유럽을 통합하여 프랑크 왕국을 세웠고 약 400년 동안 로마 교황과 손을 잡고 통치했다. 프랑크 왕국의 주요 구성원은 독일 지방을 중심으로 한 게르만족, 프랑스 지역을 중심으로 한 고울 족, 로마 문화를 계승한 이탈리아 지역의 라틴족이었는데, 이들은 각각 인종, 문화, 전통이 달라서 갈등을 겪다가 결국 동 프랑크(현재의 독일), 서 프랑크(현재의 프랑스), 남 프랑크(현재의 이탈리아)로 3등분된다.

중세
시대

서 프랑스의 지배자는 게르만 인이었지만 소수였고 그전부터 이곳의
정착했던 고울 인이 대다수였다. 언어와 문화는 로마의 영향을 받아
라틴계였는데 이것이 혼합되어 특유의 프랑스인, 프랑스 문화가 형성
되었다. 지금의 프랑스적인 요소는 고울 족의 특성에서 비롯되고 있다
고 말한다.

새로운 질서 속에서 안정을 되찾은 유럽은 다시 한 번 격동에 휩싸이
게 되는 데 8~9세기에 사라센이 동남쪽에서 침입하고 마자르 인(현재
의 헝가리)이 동쪽에서 침입하고 게르만의 일파인 노르만 인이 침입한
것이다. 노르만 인은 스칸디나비아 반도에 살고 있었는데 우리가 말하
는 바이킹 족이 이들이다. 노르만 족에게 시달리던 서프랑크 왕국은
융화정책으로 현재의 세느강 주변에 땅을 주어 살게 한 장소가 바로
노르망디 지역이다. 이들은 프랑스에 동화되었으나 후에 노르망디 공
국을 세우게 된다.

987년, 귀족들이 휴 카페Hugh Capet를 왕으로 선출하면서 카페 왕조가
들어서는데, 왕권도 약했고 왕의 영토는 파리 근교와 오를레앙 정도였
다. 후일 프랑스의 역대 왕조는 이 카페 가문에서 비롯되었으므로 현
재 프랑스의 국가적 기원이라 할 수 있다.

한편 노르망디를 지배하고 있던 윌리암은 1066년 영국을 점령하고 영
국에 프랑스의 제도를 이식한다. 12세기 중엽 노르만 왕가가 끊어진 뒤
프랑스의 대영주인 앙주Anjou가 왕위를 계승하여 헨리 2세라고 부르며

영국과 노르망디를 모두 지배했다. 이때부터 영국 국왕은 노르망디 공국도 지배하면서 영국의 귀족들은 양국의 국적을 모두 가지게 되는데 문화적으로 프랑스의 영향권 안에 있던 노르망디 공국에서 온 지배층들은 제도, 문화, 언어에서 프랑스의 영향을 받게 되고, 피지배, 계층이 쓴 영어는 지배 계층의 프랑스어와 혼합되어 중세 영어가 된다.

현대 프랑스의 모체라고 할 수 있는 카페 왕조는 영국과 노르망디 공국을 지배하는 이 왕조에 대해 강력한 라이벌 의식을 느끼게 된다. 1154년, 아키텐느의 엘리노어가 영국의 헨리 2세와 결혼하면서 현재 프랑스 영토의 1/3이 영국의 지배하에 놓인다. 그 후 이 프랑스 영토에 대한 지배권을 두고 프랑스와 영국은 300년 동안 계속 갈등을 겪는다.

영국 왕 에드워드 3세는 즉위하자 자신의 어머니가 프랑스 카페 왕조의 왕 필립 4세의 딸이라는 점을 강조하며 그 당시 프랑스 왕인 필립 6세가 아닌 자신이 프랑스 왕위를 계승해야 한다고 주장한다. 즉 에드워드 3세는 영국과 프랑스의 왕을 자신이 겸해야 한다고 주장한 것이다. 이와 같이 프랑스와 영국의 관계는 매우 복잡했다. 그러나 프랑스로서는 그런 주장을 받아들일 수 없었고 급기야 백년 전쟁(1337~1453년)으로 이어지는데 이 전쟁은 1348년 흑사병이 온 나라를 휩쓸었을 때만 잠시 중단되었다.

이 지루한 전쟁이 드디어 플랜타주넷Plantagenet 왕가 쪽으로 기울고 있을 때, 그 유명한 17세 소녀, '잔다르크'가 등장한다. 그녀는 오를레앙에서 군대에 합류해 영국군을 무찌르며 전세를 역전시키나 영국군에 체포되었다. 그녀는 이교도로 판결을 받고 2년 뒤 화형을 당하게 되지만 이미 그녀에 의해 역전된 전세는 돌이킬 수 없었고, 전쟁은 프랑스의 승리로 끝나 1443년 칼레를 제외한 프랑스의 모든 영토에서 영국인들은 추방당하게 되었다.

1530년대 유럽을 휩쓸던 종교 개혁의 바람은 프랑스에서도 강하게 일었다. 프랑스에 종교개혁을 일으킨 사람은 제노바로 망명한 존 캘빈 John Calvin이었다. 1562〜1598년 사이의 종교 전쟁은 3개 집단이 관련되면서 더욱 복잡해진다. 프랑스 신교도인 '위그노', 기즈당이 이끄는 구교도, 군주 중심의 구교도로 갈라진 전쟁은 왕권을 약화시키고 프랑스를 분열시켰다. 가장 끔찍한 학살이 1572년 8월 24일에 벌어졌다. 결혼 축하를 위해 파리에 갔던 3,000명의 위그노들을 구교도가 학살한 것이다. 이것을 '성 바톨로뮤 학살'이라고 한다.

이 학살은 지방에까지 확산되었는데, 이 사건 이후로 프랑스에서 신교도 세력은 급격히 약화되고, 지금도 프랑스에서는 구교도가 대부분이다. 그 후, 실권을 잡은 구교도들의 내분에 의해 앙리 3세는 암살당했고, 위그노였던 나바르의 왕 앙리는 구교도 개종을 한 후 앙리 4세가 된다. 그는 1598년 위그노의 종교적 자유와 시민권 보장의 내용을 담은 '낭트 칙령'을 선포하지만 1685년 루이 14세에 의해 폐지된다.

태양왕 루이 14세는 1643년 5살의 나이에 왕위에 올라 1715년까지 통치했다. 긴 통치 기간에 프랑스 군주의 권력을 옹호하는 왕권신수설을 내세우며 강력한 왕권을 확립했다. 그는 국제적으로 프랑스의 권위를 높이고, 프랑스의 문화 예술이 국제적으로 인정을 받게 하여 다른 나라들도 모방을 할 정도로 만든다. 그러나 영토를 조금 확장시키긴 했지만 전쟁을 많이 일으켰고, 지금은 관광 수익이 되고 있지만, 베르사유 궁전과 같은 사치스러운 건물을 짓느라 엄청난 국고를 낭비해 그의 후계자들에게 고통을 안겨 줬다. 그의 후계자 루이 15세와 16세는 무능했다.

18세기에 나타난 새로운 경제적, 사회적 분위기는 구제도를 흔들고 있었다. 계몽주의는 교황과 군주의 권위에 대해 도전하며 반체제 사상으로 구제도를 흔들고 있었다. 볼테르, 루소, 몽테스키외 등이 계몽주의를 이끌고 있었는데, 사람들 마음에 깊숙이 자리잡은 사리사욕 풍조와 복잡한 권력 구조, 왕조의 부패가 개혁을 지연시키기도 했다.

루이 15세는 미국의 독립을 지원하기도 했고 오스트리아와 연합하여 영국, 프러시아에 패해 프랑스는 서인도 제도의 식민지와 인도를 영국에게 빼앗긴다. 영국으로서는 미국 독립 전쟁에서 개척민을 지지한 프랑스에 대한 일종의 복수였다. 영국과 프랑스의 7년 전쟁의 결과는 군주에게는 끔찍했지만, 어떤 면에서는 행운이었다. 세계를 주목시킨 미국 혁명이 몰고 온 급진적 민주 사상이 프랑스에 유포된 계기가 되었던 것이다.

프랑스 대혁명

1780년대까지도 무능하고 결단력 없는 루이 16세와 사치스러운 그의 아내 마리 앙투와네트는 개화파에서 보수파에 이르는 사회 모든 계층을 멀리한 채 지냈다. 1789년 루이 16세가 삼부회에서 개혁파들의 세력을 약화시켜 보려했지만 거리에는 파리의 시민들이 쏟아져 나와 시위를 하였고 드디어 그 해 7월 14일 구제도 붕괴의 상징인 바스티유 감옥이 붕괴되고 말았다.

처음 혁명은 온건 개혁파에 의해 추진되었다. 입헌 군주제 선언, 인권 선언 채택 등의 다양한 개혁을 시행했다. 혁명을 위협하는 외부 세력에 대해 스스로 무장했던 군중들은 프러시아, 오스트리아와 망명한 프랑스 귀족들에 대한 분노가 일었고, 애국주의와 민족주의로 결합하여 혁명 열기는 더욱 뜨거워졌다. 이런 열기에 의해 혁명은 대중적이고 급진적으로 변화하였다.

온건 개혁파인 지롱드 당은 로비스피에르 당과 마레가 이끄는 급진 개혁파 자코뱅당에게 권력을 뺏기고 자코방 당은 국민 공회를 세운다. 1793년 1월 루이 16세는 지금의 파리 콩코드 광장 단두대 위에서 급진파와 시민들에 의해 처형되는데, 1794년 중반까지 참수형으로 무려 17,000명이나 처형되었다. 말기에는 아이러니하게도 로비스피에르를 포함한 초기 혁명 지도자들이 단두대에서 처형되기도 했다.

나폴레옹

나라는 더욱 혼란해졌고 이를 틈타 프랑스 군인 지도자들은 사회에 염증을 내기 시작했다. 군인들은 더욱 부패하고 악랄해지는 집정 내각의 지시를 무시하며 자신들의 야망을 키우기 시작했다. 이 때 나폴레옹이 역사에 등장한다. 나폴레옹 바나파르트가 '불가능은 없다'며 알프스를 넘어 오스트리아를 격파하자, 국민적 인기를 얻게 되고 그는 이 힘을 몰아 독립적 정치 세력을 키운다. 1799년 자코뱅 당이 의회에서 다시 우위를 차지하게 되자, 나폴레옹은 평판이 좋지 않은 집정 내각을 폐지하고 자신이 권력을 장악한다.

처음에는 나폴레옹이 제1제정을 맡았으나, 1802년, 국민투표로 종신 제정을 선포하고 그의 생일은 국경일이 되었다. 교황 피우스 7세로부터 노트르담 성당에서 황제 작위를 받으며, 황제로 즉위한 나폴레옹은 더 많은 지지와 세력 확보를 위해 많은 전쟁을 일으켰다. 이로 인해 프랑스는 유럽 대부분을 정복하고, 1812년 대륙의 마지막 라이벌인 러시아의 차르를 정복하러 러시아로 향한다. 나폴레옹 대군이 모스크바를 포위했지만 러시아의 혹독한 추위에 물러서고 말았고, 이를 틈타 프러시아를 비롯한 나폴레옹 적들은 봉기해 파리로 쳐들어간다. 결국 나폴레옹은 쫓겨나고 지중해의 작은 섬 엘바로 유배된다.

비엔나 회의(1814~1815년)에서 동맹국들은 프랑스를 혁명 전으로 돌리고자 부르봉 왕조를 부활시키고 루이 18세를 왕으로 추대한다. 1815년 3월 나폴레옹은 엘바 섬을 탈출하고 남프랑스에서 군대를 모아 파리를 다시 탈환했으나 워털루 전투에서 패배함으로써 '백일 천하'로 끝나게 된다. 결국 나폴레옹은 남태평양의 외딴 섬 세인트 헬레나 섬에서 1821년으로 생을 마감한다.

식민 시대의 유산인 노예제도를 부활시키 점에서 나폴레옹은 보수주의자이지만 법 체계를 정비하고 나폴레옹 법전을 선포하는 등 중요한 개혁을 실시했다. 나폴레옹 법전은 지금까지 프랑스는 물론 다른 유럽 국가 법체계의 근간이 되고 있다. 그의 더 중요한 역할은 나폴레옹 혁명이 변화의 요소를 내포하고 있었다는 것이다. 그래서 나폴레옹은 프랑스인들이 기억하는 가장 위대한 영웅인 것은 당연할 수도 있다.

19세기

19세기는 프랑스 혼돈의 시기이다. 루이 18세이 통치 기간(1815~1824년) 동안은 구 제도의 복귀를 원하는 군주제 옹호자들과 혁명의 변화를 바라는 군중들의 투쟁으로 가득 차 있다. 샤를 10세(1824~1848년)는 보수주의자들과 자유주의자들의 싸움에서 고민하다가 1830년 7월 혁명으로 쫓겨나게 된다. 그 뒤를 이은 루이 필립(1830~1848년)은 상류층이 옹호하는 입헌군주제 옹호자였다. 루이 필립은 그 당시 의회 대표로 선출되었으나, 1848년 2월 혁명으로 물러나고 제2공화정이 들어선다. (제 1공화정은 루이 16세가 부적절한 입헌 군주라고 판명된 후인 1792년에 세워졌다) 그 해 대통령 선거가 행해졌고 나폴레옹의 알려지지 않았던 조카 루이 나폴레옹 보나파르트가 선출된다. 대통령이 된

그는 1851년 쿠데타를 일으켜 프랑스 황제인 나폴레옹 3세가 된다.

제 2제정은 1852~1879년까지 지속되었다. 이 기간에 프랑스는 약간의 경제 성장을 했지만 그의 삼촌처럼 루이 나폴레옹은 크림 전쟁 (1853~1856년)을 포함한 많은 전쟁에 개입해 재정적으로 피해를 입었다. 제 2제정은 프러시아에 의해 끝이 났다. 1870년 프러시아의 제상 비스마르크는 나폴레옹 3세를 유인해 프랑스가 프러시아에 대해 전쟁을 선포하게 만든다. 이를 기다리던 비스마르크는 준비도 없던 프랑스 군을 무찌르고 항복을 받았다.

패주의 소식이 파리에 퍼지자 시민들은 거리로 나와 공화정의 부활을 요구했고, 다시 시작된 제 3공화정은 국가 방위 준비 정부로 출발했다. 당시 프러시아는 프랑스로 쳐들어오는 중이었고 진군을 계속해 4달 동안 파리를 포위했다. 프랑스에서는 평화 협상을 원하는 입헌 군주자들과 저항을 하자는 공화주의자들의 의견 대립이 있었으나 결국 1871년 입헌 군주자들이 주도하는 국민 의회는 프랑크푸르트 조약을 체결한다. 거래 조건은 5,000억 프랑 배상금과 알사스, 로렌 지역의 양도였다. 또한 프러시아의 빌헬름 1세는 베르사유 궁전에서 독일 황제임을 선포한다. 이 순간부터 독일 제국이 탄생하는 시점이다.

이는 파리 시민들을 분노하게 하였고 결국 폭동을 일으킨다. 혁명 정부 지지자들은 파리를 점령했지만 수많은 군중들이 폭동에 희생되고, 대부분 노동자 출신인 혁명 정부 지지자들은 2만 명 이상 처형당했다. 결국 프랑스는 전쟁에 패하면서 다시 공화정으로 돌아간다. 이 시기를 제 3공화정이라고 한다.

1894년에 발생한 드레퓌스 사건은 제 3공화정에 도덕적, 정치적으로 타격을 입힌다. 유태인 육군 대위인 알프레드 드레퓌스가 독일 첩보원으로 군법회의에 회부되어 종신형을 선고받으면서 이 사건은 시작된다.

군부, 우익 정치가들, 구교도들의 극심한 반대에도 불구하고 이 사건은 다시 심의되어 결국 드레퓌스의 결백이 증명되었다. 이 사건은 군대와 교회의 불신감을 더욱 심화시켰다. 결과적으로 군대의 시민 통제가 더 심해졌고 1905년에 교회와 정부가 법적으로 분리되었다.

제1차 세계대전	제1차 세계대전의 패배로 독일은 프랑스 알사스, 로렌 지역을 반환한다. 이 전쟁을 통해 800만 프랑스인들이 군대에 소집되어 130만 명이 죽었고, 100만 명 정도가 부상을 당했다. 전쟁은 공식적으로 베르사유 조약을 체결하면서 끝났다. 독일은 전쟁 보상으로 프랑스에게 330억 달러를 지불했다.

제2차 세계대전	1930년대 프랑스는 영국과 마찬가지로 히틀러를 진정시키려고 애썼다. 그러나 1939년 독일의 폴란드 침공이 있고 2달 후 두 나라는 독일을 향해 전쟁을 선포한다. 그러나 난공불락으로 여겨졌던 마지노선이 무너지자 다음해 6월 프랑스는 항복한다.

독일은 북부 지방과 서해안을 직접 통치하고 나머지 지역은 허수아비 괴뢰 정권을 수립했다. 괴뢰 정권의 수뇌는 제 1차 세계대전 프랑스 노장인 필립 페탕이었다. 페탕 정권은 나치가 유럽의 새 주인임을 인정했다. 한편 독일군 점령 지역의 프랑스 경찰은 프랑스의 유태인들을 아우슈비츠나 다른 죽음의 수용소로 보내도록 차출하는 일을 도왔다.

한편 프랑스가 항복하자 전쟁 당시 프랑스의 부 차관이었던 샤를 드골은 런던으로 건너가 프랑스 망명 정부를 세웠다. 레지스탕스로 알려진 지하 운동도 있었으나 적극적으로 가담한 것은 인구의 약 5%정도였으며 나머지 95%는 소극적으로 도와주거나 아니면 방관했다. 레지스탕스들은 철도 파업, 연합군을 위한 정보 수집, 연합군 공군 돕기, 반독일 전단 인쇄 등 많은 일을 했다.
프랑스의 해방은 미국, 영국, 캐나다가 함께 노르망디 상륙 작전(1944년 6월6일)을 개시하면서 시작되었다. 결국 파리는 르끌레르 장군이 이끄는 프랑스 자유 연합군의 선봉대와 연합군에 의해 8월 25일 해방되었다.

전후의 프랑스	드골은 전쟁이 끝나자 곧 파리로 돌아와 임시 정부를 세웠다. 1946년 1월 대통령직을 사임하지만 그의 복귀를 원하는 대중들의 요구가 거세졌다. 몇 달 후 국민 투표로 새 헌법이 승인되었으나 제 4공화국은 불안정한 연립 내각이었다. 강력한 미국의 원조로 프랑스 경제는 서서히 회복되었다. 인도차이나 식민 통치의 재시도는 실패했고 100만 프랑스인이 거주하고 있는 알제리에서 아랍 민족주의자들의 폭동이 있었다.

제4공화국은 1958년에 끝났다. 알제리의 폭동을 다루는 패배주의에 분

노한 극우파들은 정부를 전복시키려는 음모를 꾸몄다. 이런 국가적인 위기를 맞아 군사 쿠데타, 시민 폭동을 저지하기 위해 드골이 다시 복귀했다. 그는 국민 의회의 반대에도 불구하고 대통령에게 상당한 권한을 부여하는 헌법을 만들었다. 오늘까지 이어져 오는 제 5공화국은 1961년 알제리에서 일어난 우익 군인들의 쿠데타로 잠시 흔들렸으나 당시에 알제리에 거주하던 프랑스인들과 테러리즘 반대주의자들은 드골을 도왔다. 전쟁은 1962년 알제리 협상으로 끝났는데 75만의 피에 느와르Pieds Noirs(검은 발이라는 뜻으로 알제리 태생의 프랑스 인들을 일컫는 말이다)가 이 때 프랑스로 들어왔다. 다른 프랑스 식민지와 아프리카 국가들도 독립을 찾기 시작했다. 왜소해지는 프랑스의 국제적 비중을 만회하기 위해 프랑스는 이전 식민지 국가들을 돕기 위한 군사, 경제적 지원 계획을 만들기 시작한다.

정부와 온 나라에 전면적인 변혁을 가져온 것은 1968년 5월 혁명이었다. 데모하는 대학생들과 경찰이 부딪친 사소한 이 사건은 파리 시민들을 격분하게 했다. 학생들은 소르본느를 점령했고, 대학가에는 바리케이트를 쳤다. 다른 학교로 분위기가 퍼지게 되고 노동자들도 항거에 참여하였다. 900만 파리 시민들은 파업에 동참했고, 전국이 거의 마비 상태가 되었다. 드골은 무정부 상태의 위험성을 국민들에게 호소함으로써 위기를 넘기게 된다. 안정이 되어 갈 즈음 정부는 고등교육제도 개혁을 포함한 중요한 개혁을 단행한다.

1969년 드골은 드골파인 조르쥬 퐁피두에게 대통령 자리를 넘긴다. 1974년 발레리 쥐스카르 데스텡이, 1981년에는 사회당인 프랑소와 미테랑이 대통령에 오른다. 미테랑은 1988년 재선에 당선되지만 1986년 의회 선거에서 자크 시락이 이끄는 우파가 다수당이 된다. 마지막 2년 동안 미테랑 대통령은 반대당 내각과 일을 해서 전례가 없는 개혁이 시행된다.

프랑스 요리

프랑스 식사의 순서는 불에 조리하지 않은 '오브되브르Ovdevre에서 시작해 전채인 앙트레 Entree로 시작한다. 생선 요리인 푸아송Poissons과 고기 요리인 비앙드Viandes 샐러드, 치즈(프로마주)를 메인요리로 먹는다. 디저트도 후식, 과일, 커피를 마시고 마지막으로 코냑까지 마신다. 그래서 프랑스 코스 요리는 식사 시간이 길다. 간혹 정식의 식사에서 20가지 이상의 음식이 나오기도 한다.

전채

앙트레(Entree)

코스요리를 먹기 위해 레스토랑에 간다면 전식, 메인요리, 후식으로 나눌 수 있다. 이때 전식을 '앙트레Entree'라고 부른다. 전채이지만 메인요리와 다르지 않게 나오는 레스토랑도 많다. 우리가 프랑스 요리의 특이하다고 알고 있는 달팽이 요리인 에스카르고Escargots도 전채에 해당한다. 생굴요리인 위트르Huitres와 거위 간 요리인 푸아그라Foie Gras, 훈제 연어 요리인 사몽 퓨미Saumon Fume 등이 주로 주문하는 전식요리이다.

메인

푸아송(Poissons)

생선요리는 보통 푸아송Poissons이라고 말하는데, 프랑스요리에서는 해산물까지 포함한다. 생선은 주로 대구, 송어, 연어, 광어 등이고, 해산물은 굴, 새우, 홍합이 주로 포함된다. 셰프는 이 재료들로 소스를 곁들여 요리를 하는데, 그릴에 굽고 레몬, 야채 등을 넣어 접시에 먹음직스럽게 만들어낸다.

비앙드(Viandes)

고기요리를 말하는 프랑스어로 쇠고기, 돼지고기, 닭고기 등의 기본적으로 많이 사용하는 고기 외에는 양고기인 무통Mouton, 토끼고기인 라팽Lapin 등이 추가적으로 사용된다. 가끔은 사냥에서 잡은 사슴고기도 사용한다고 알려져 있다. 프랑스인들은 토끼고기와 오기고기를 좋아한다. 동양인들이 완전 구운 고기를 좋아한다면 육즙이 배어나오고 레몬이 첨가된 소스를 넣어 고기를 굽거나 와인을 첨가해 고기를 굽기도 한다. 버섯이나 이티초크 등의 야

채를 추가로 구워 요리를 완성한다. 고기의 메인 요리를 플라 프린시펄^{Plat Principal}이라고 부른다.

후식

마카롱(Macaron)

1533년 프랑스에 온 이탈리아 셰프가 만들어 냈다고도 하고 1791년 수도원에서 만들어졌다고도 전해진다. 1830년대에 지금의 마카롱 모양이 산업혁명 이후 부를 축적한 중산층을 통해 확산되었다.
작고 동그란 전 정도의 크기인 마카롱은 다양한 색으로 마지막 식욕을 만들어낸다. 계란, 설탕 아몬드 가루를 주재료로 버터크림이나

잼을 안에 넣고 2개의 쿠키를 붙여 탄생한다. 특히 대한민국에서 마카롱은 특히 인기가 높다. 하지만 마카롱을 어디에나 팔지는 않으므로 프랑스의 마카롱을 자주 맛볼 수 있는 것은 아니다.

크레페(Crepe)

이제는 프랑스보다 다른 유럽국가에서 더 많이 맛볼 수 있는 디저트 이상의 음식으로 자리잡았지만 크레페Crepe는 엄연히 프라스 전통 디저트이다.

크레페리Creperie라고도 부르는 크레페는 브로타뉴 지방에서 만들어진 요리로 버터와 계란을 이용해 얇게 만들어 빵 위에 생크림과 잼 등을 얹고 삼각형 모양으로 접어 먹는다. 치즈, 햄, 바나나 등이 추가로 들어가고 초코시럽 등을 마지막으로 입혀 먹음직스럽게 보이게 된다.

와인의 기초 상식, 와인을 느껴보자!

바디감(Body)
와인을 입에 머금고 잠깐 멈추면 입안에서 느껴지는 와인만의 묵직한 느낌이 다가온다.

Light Body
알코올 12.5% 이하의 와인은 일반적으로 라이트-바디 와인이라고 부른다. 화이트 와인이 대부분 산뜻한 맛을 느끼게 해준다.

Mdeium Body
알코올 12.5~13.5%의 와인은 일반적으로 미디엄-바디 와인이라고 부른다. 로제, 프렌치 버건디, 피놋 그리지오, 쇼비뇽 플라 등이 중간 정도의 느낌을 준다.

Full Body
알코올 13.5% 이상의 와인은 풀-바디 와인으로 말한다. 대부분의 레드 와인이 이에 속한다. 샤도네이 와인만 풀-바디의 화이트 와인이다.

탄닌(Tanni)
와인 맛에서 가장 뼈대를 이루는 중요한 부분으로, 와인을 마실 때 쌉싸름하게 느끼는 맛의 정체가 탄닌Tannin이다. 식물의 씨앗, 나무껍질, 목재, 잎, 과일의 껍질에는 자연적으로 생겨나는 폴리페놀이 있는데, 우리는 쓴맛으로 느끼게 된다.

일반적으로 와인의 탄닌은 포도껍질과 씨앗에서 나오게 되며 오크통 안에서 숙성을 거치면서 오크통에서도 약간의 탄닌이 나오게 된다. 와인을 안정시켜주며 산화를 막아주는 가장 기본적인 성분이다.

산도(Acidty)
와인의 맛에 살아있는 느낌을 준다고
이야기하는 부분으로 와인이 장기 숙
성을 할 수 있는 요소이다.

주석산(Tartaric Acid)
와인의 맛과 숙성에 가장 큰 역할을 하
는 중요한 산으로 포도가 익어가는 과
정에서 변하지 않고 양이 그대로 존재
하게 된다.

사과산(Malic Acid)
다양한 과일에 함유된 산으로 포도가
익기 전에는 사과산 수치가 높지만 점
점 익어가면서 수치가 낮아지게 된다.

구연산(Crtric Acid)
감귤류에 함유된 산으로 와인에는 주석
산의 약 10% 정도만 발견되는 가장 적
은 양의 산이다.

라벨 읽는 방법
● 와이너리 이름
● 생산지역
└ 포도 수확 연도

61

프랑스 여행 계획하는 방법

프랑스는 육각형 형태의 국토를 가지고 있고 수도인 파리Paris는 위로 치우쳐 있는 특징이 있다. 프랑스의 대표적인 여행지인 수도 파리Paris과 큰 도시인 레옹Lyon, 마르세유, 프랑스의 작은 마을이 몰려 있는 남프랑스까지 여행을 하려면 '일정 배정'을 잘해야 한다.

예전에는 수도인 파리Paris를 여행하는 것을 선호했다면 지금은 동부, 서부, 남부로 나누어서 여행하는 것을 선호한다. 특히 코트다쥐르와 프로방스로 대변되는 남프랑스는 대한민국 사람들이 가장 좋아하는 여행지로 각광을 받고 있다. 특히 남프랑스의 칸, 아비뇽, 니스, 몽펠리에 등을 천천히 즐기는 한 달 살기나 자동차여행으로 트렌드가 바꾸고 있다.

1. 일정 배정

프랑스가 수도인 파리Paris를 제외하면 볼거리가 별로 없다는 생각을 가진 여행자가 의외로 많다는 사실에 놀라기도 한다. 프랑스는 일정 배정을 잘못하면 짧게 4박 5일 정도의 여행은 수도만 둘러보면 끝이 나 버린다. 그래서 프랑스 여행은 어디로 여행을 할 계획이든 여행일정을 1주일은 배정해야 한다.

예를 들어, 처음 프랑스 여행을 시작하는 여행자들은 수도인 파리Paris에서 파리인근의 2시간 정도 소요되는 몽생미셸, 오베르쉬르우아즈, 지베르니 같은 도시를 당일치기로 여행하면 1주일의 여행일정은 쉽게 만들 수 있다.

하지만 남프랑스를 여행하려면 여유롭게 즐길 수 있는 마음가짐이 중요하다. 매일 몇 개 도시를 봐야겠다고 생각한다면 여행의 피로만 쌓일 수 있다. 또한 여행 계획을 세우고 니스를 본 다음날에 앙티브Antibes로 이동하고 칸 Khan으로 이동하여 도시를 본다고 여행 일정을 세우지만 일정이 생각하는 것만큼 맞아 떨어지지 않는다.

2. 도시 이동 간 여유 시간 배정

프랑스 여행에서 파리Paris을 떠나 리옹Lyon이나 마르세유Marseille로 이동하는 데 3~5시간이 소요된다. 오전에 출발해서 다른 도시를 이동한다고 해도 오후까지 이동하는 시간으로 생각하고 그 이후 일정을 비워두는 것이 현명하다. 왜냐하면 버스로 이동할 때 버스시간을 맞춰서 미리 도착해야 하고 버스를 타고 이동하여 숙소로 다시 이동하는 시간사이에 어떤 일이 일어날지 모른다.

여행에서는 변수가 발생하기 때문에 항상 변화무쌍하다고 생각해야 한다. 자동차로 여행을 떠나도 도로에서 막히는 시간과 식사시간도 고려해야 하기 때문이다. 우리는 기계가 아니기 때문에 여행에서 둘러보는 여유와 여행의 감정이 중요하다.

3. 마지막 날 공항 이동은 여유롭게 미리 이동하자.

대중교통이 대한민국처럼 발달되어 정확하고 다양한 방법으로 공항으로 이동할 수 있다고 이해하면 안 된다. 특히 마지막 날, 오후 비행기라고 촉박하게 시간을 맞춰 이동했다가 비행기를 놓치는 경우가 발생한다. 그래서 마지막 날은 일정을 비우거나, 넉넉하게 계획하고 마지막에는 쇼핑으로 즐기고 여유롭게 프랑스 파리 드골 국제공항으로 이동하는 것이 편하게 여행을 마무리할 수 있다.

4. 숙박 오류 확인

프랑스만의 문제는 아닐 수 있으나 최근의 자유여행을 가는 여행자가 많아지면서 프랑스에도 숙박의 오버부킹이나 예약이 안 된 오류가 발생할 수 있다. 분명히 호텔 예약을 했으나 오버부킹이 되어 미안하다고 다른 호텔이나 숙소를 알아보라며 거부당하기도 하고, 부킹닷컴이나 에어비엔비 자체 시스템의 오류가 생기는 경우도 발생하고 있으니 사전에 숙소에 메일을 보내 확인하는 것이 중요하다.

특히 아파트를 숙소로 예약했다면 호텔처럼 직원이 대기를 하고 있는 것이 아니므로 열쇠를 받지 못해 체크인을 할 수 없는 경우가 많다. 아파트는 사전에 체크인 시간을 따로 두기도 하고 열쇠를 받는 방법이나 만나는 시간과 장소를 정확하게 알고 있어야 한다.

여행 추천 일정

4박 5일

파리(2일) → 몽생미셸(1일) → 오베르쉬르우아즈(1일) → 파리(1일)

5박 6일

① 파리(2일) → 몽생미셸(1일) → 지베르니(1일) → 파리(2일)
② 파리(2일) → 몽생미셸(1일) → 오베르쉬르우아즈(1일) → 파리(2일)

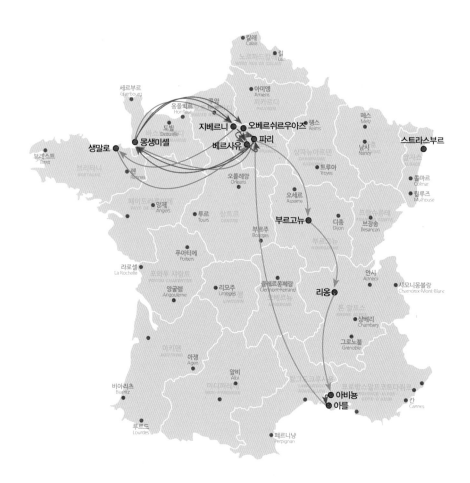

① 6박 7일

파리(2일) → 몽생미셸(1일) → 지베르니(1일) → 베르사유(1일) → 파리(2일)

② 6박 7일

파리(2일) → 몽생미셸(1일) → 오베르쉬르우아즈(1일) → 베르사유(1일) → 파리(2일)

③ 6박 7일

파리(2일) → 몽생미셸(1일) → 지베르니(1일) → 생말로(1일) → 베르사유(1일) → 파리(1일)

④ 6박 7일

파리(2일) → 부르고뉴(1일) → 리옹(1일) → 아비뇽(1일) → 아를(1일) → 파리(1일)

① 7박 8일

파리(2일) → 스트라스부르(1일) → 부르고뉴(1일) → 리옹(1일) → 아비뇽(1일) → 아를(1일)
→ 파리(1일)

② 7박 8일

파리(2일) → 부르고뉴(1일) → 리옹(1일) → 아비뇽(1일) → 아를(1일) → 마르세유(1일)
→ 파리(1일)

③ 7박 8일

파리(2일) → 리옹(1일) → 아비뇽(1일) → 아를(1일) → 마르세유(1일) → 니스(1일)
→ 파리(1일)

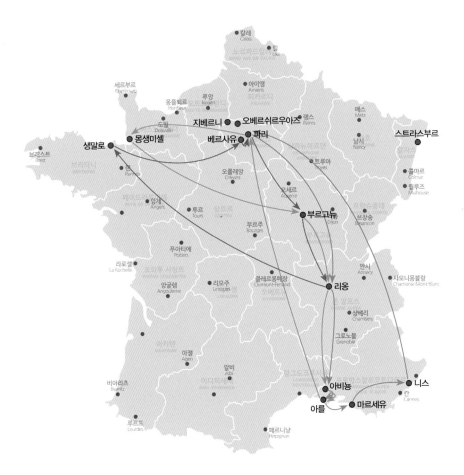

① 8박 9일

파리(2일) → 낭트(1일) → 보르도(1일) → 툴루즈(1일) → 몽펠리에(1일) → 리옹(1일)
→ 파리(2일)

② 8박 9일

파리(2일) → 리옹(1일) → 아비뇽(1일) → 마르세유(1일) → 니스(1일) - 모나코(1일)
→ 파리(1일)

③ 8박 9일

파리(2일) → 부르고뉴(1일) → 리옹(1일) → 아비뇽(1일) → 아를(1일) → 마르세유(1일) →
니스(1일) → 파리(1일)

FRANCE

13박 14일

파리(2일) → 낭트(1일) → 보르도(1일) → 툴루즈(1일) → 몽펠리에(1일) → 리옹(1일)
→ 아비뇽(1일) → 아를(1일) → 마르세유(1일) → 니스(1일) → 모나코(1일) → 파리(2일)

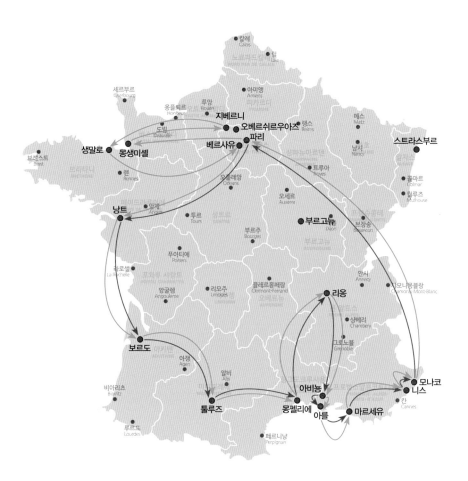

17박 18일

파리(2일) → 몽생미셸(1일) → 지베르니(1일) → 생말로(1일) → 베르사유(1일) → 낭트(1일)
→ 보르도(1일) → 툴루즈(1일) → 몽펠리에(1일) → 리옹(1일) → 아비뇽(1일) → 아를(1일)
→ 마르세유(1일) → 니스(1일) → 모나코(1일) → 파리(2일)

남프랑스 집중 코스

파리(2일) → 보르도(1일) → 툴루즈(1일) → 몽펠리에(1일) → 아를(1일) → 아비뇽(1일) → 마르세유(1일) → 액상프로방스(1일) → 그라스(1일) → 니스(1일) → 모나코(1일) → 리옹(1일) → 부르고뉴(1일) → 베르사유(1일) → 파리(2일)

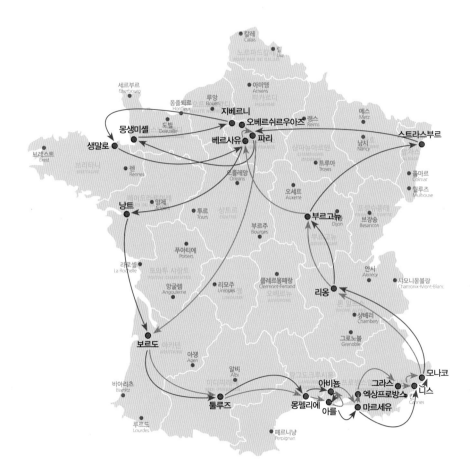

20박 21일

파리(2일) → 몽생미셸(1일) → 지베르니(1일) → 생말로(1일) → 베르사유(1일) → 낭트(1일) → 보르도(1일) → 툴루즈(1일) → 몽펠리에(1일) → 아비뇽(1일) → 아를(1일) → 마르세유(1일) → 니스(1일) → 모나코(1일) → 리옹(1일) → 부르고뉴(1일) → 스트라스부르(1일) → 파리(3일)

도시 여행 중 주의사항

■ 여행 중에 백팩(Backpack)보다는 작은 크로스백을 활용하자.

작은 크로스백은 카메라, 스마트폰 등을 가지고 다니기에 유용하다. 소매치기들은 가방을 주로 노리는데 능숙한 소매치기는 단 몇 초 만에 가방을 열고 안에 있는 귀중품을 꺼내가 기도 한다. 지퍼가 있는 크로스백이 쉽게 안에 손을 넣을 수 없기 때문에 좋다.

크로스백은 어깨에 사선으로 메고 다니기 때문에 자신의 시선 안에 있어서 전문 소매치기 라도 털기가 쉽지 않다. 백팩은 시선이 분산되는 장소에서 가방 안으로 손을 넣어 물건을 집어갈 수 있다. 혼잡한 곳에서는 백팩을 앞으로 안고 눈을 떼지 말아야 한다.

전대를 차고 다니면 좋겠지만 매일같이 전대를 차고 다니는 것은 고역이다. 항상 가방에 주의를 기울이면 도둑을 방지할 수 있다. 가방은 항상 자신의 손에서 벗어나는 일은 주의 하는 것이 가방을 잃어버리지 않는 방법이다. 크로스백을 어깨에 메고 있으면 현금이나 귀 중품은 안전하게 보호할 수 있다. 백 팩은 등 뒤에 있기 때문에 크로스백보다는 안전하지 않다.

■ 하루의 경비만 현금으로 다니고 다니자.

대부분의 여행자들은 집에서 많은 현금을 들
고 다니지 않지만 여행을 가서는 상황이 달라
진다. 아무리 많은 현금을 가지고 다녀도 전체
경비의 10~15% 이상은 가지고 다니지 말자.
나머지는 여행용가방에 넣어서 트렁크에 넣거
나 숙소에 놓아두는 것이 가장 좋다.

■ 자신의 은행계좌에 연결해 꺼내 쓸 수 있는
   체크카드나 현금카드를 따로 가지고 다니자.

현금은 언제나 없어지거나 소매치기를 당할 수 있다. 그래서 현금을 쓰고 싶지 않지만 신
용카드도 도난의 대상이 된다. 신용카드는 도난당하면 더 많은 문제를 발생시킬 수 있으므
로 통장의 현금이 있는 것만 문제가 발생하는 신용카드 기능이 있는 체크카드나 현금카드
를 2개 이상 소지하는 것이 좋다.

■ 여권은 인터넷에 따로 저장해두고 여권용 사진은 보관해두자.

여권 앞의 사진이 나온 면은 복사해두면 좋겠지만 복사물도 없어질 수 있다. 클라우드나
인터넷 사이트에 여권의 앞면을 따로 저장해 두면 여권을 잃어버렸을 때 프린트를 해서 한
국으로 돌아올 때 사용할 단수용 여권을 발급할 수 있다.
여권용 사진은 사용하기 위해 3~4장을 따로 2곳 정도에 나누어 가지고 있는 것이 좋다.
예전에 여행용 가방을 잃어버리면서 여권과 여권용 사진을 잃어버린 것을 보았는데 부부
가 각자의 여행용 가방 2곳에 보관하여 쉽게 해결한 경우를 보았다.

■ 스마트폰은 고리로 연결해 손에 끼워 다니자.

스마트폰은 들고 다니면서 사진도 찍고 SNS으로 실시간 한국과 연결할 수 있는 귀중한 도구이지만 도난이나 소매치기의 표적이 될 수 있다. 걸어가면서 손에 있는 스마트폰을 가지고 도망하는 경우도 발생하기 때문에 스마트폰은 고리로 연결해 손에 끼워 다니는 것이 좋다. 가장 좋은 방법은 크로스백 같은 작은 가방에 넣어두는 것이지만 워낙에 스마트폰의 사용빈도가 높아 가방에만 둘 수는 없다.

■ 여행용 가방 도난

여행용 가방처럼 커다란 가방이 도난당하는 것은 호텔이나 아파트가 아니다. 저렴한 YHA에서 가방을 두고 나오는 경우와 당일로 다른 도시로 이동하는 경우이다. 자동차로 여행을 하면 좋은 점이 여행용 가방의 도난이 거의 없다는 사실이다. 하지만 공항에서 인수하거나 반납하는 경우가 아니면 여행용 가방의 도난은 발생할 수 있다는 사실을 인지해야 한다.

호텔에서도 체크아웃을 하고 도시를 여행할 때 호텔 안에 가방을 두었을 때 여행용 가방을 잃어버리지 않으려면 자전거 체인으로 기둥에 묶어두는 것이 가장 좋고 YHA에서는 개인 라커에 짐을 넣어두는 것이 좋다.

날치기에 주의하자.

프랑스 여행에서 가장 기분이 나쁘게 잃어버리는 경우가 날치기이다. 수도인 파리Paris에서는 특히 조심해야 한다. 남프랑스의 작은 도시에서는 날치기가 거의 발생하지 않고 있지만 코로나 바이러스 이후 빈부 격차가 심해지면서 발생하고 있다.

내가 모르는 사이에 잃어버리면 자신에게 위해를 가하지 않고 잃어버려서 그나마 나은 경우이다. 날치기는 황당함과 함께 걱정이 되기 시작한다. 길에서의 날치기는 오토바이나 스쿠터를 타고 다니다가 순식간에 끈을 낚아채 도망가는 것이다. 그래서 크로스백을 어깨에 사선으로 두르면 낚아채기가 힘들어진다. 카메라나 핸드폰이 날치기의 주요 범죄 대상이다. 길에 있는 노천카페의 테이블에 카메라나 스마트폰, 가방을 두면 날치기의 가장 쉬운 범죄의 대상이 된다. 그래서 손에 끈을 끼워두거나 안 보이도록 하는 것이 가장 중요하다.

지나친 호의를 보이는 현지인

프랑스 여행에서 지나친 호의를 보이면서 다가오는 현지인을 조심해야 한다. 오랜 시간 여행을 하면서 주의력은 떨어지고 친절한 현지인 때문에 여행의 단맛에 취해 있을 때 사건이 발생한다. 영어를 유창하게 잘하는 친절한 사람이 매우 호의적으로 도움을 준다고 다가온다. 그 호의는 거짓으로 호의를 사서 주의력을 떨어뜨리려고 하는 경우가 많으니 주의하자.

화장실에 갈 때 친절하게 가방을 지켜주겠다고 한 사람을 믿고 다녀왔을때 가방과 함께 아무도 없는 경우가 발생한다. 피곤하고 무거운 가방이나 카메라 등이 들기 귀찮아지면 사건이 생기는 경우가 많다.

프랑스 자동차 여행 주요도시

프랑스는 수도인 파리가 1,000만 명이 넘는 대도시로 다른 도시들과 규모의 차이가 크다. 그래서 파리의 한 달 살기도 있겠지만 다른 도시에서 즐기는 한 달 살기의 느낌은 다르다. 대표적으로 남프랑스에서 즐기는 한 달 살기는 특히 새로운 경험을 당신에게 줄 것이다.

C.

렌
Rennes

파리(Paris)
프랑스의 수도이자 가장 큰 도시인 파리는 유럽 최대의 관광지로 약1,200만 명이 넘는 도시이다. 12세기부터 유럽의 중요 도시로 성장하면서 문화를 이끌어가고 상업이 주목받았다. 19세기에는 유럽 각지의 예술가가 몰려들어 감성적인 분위기를 도시에 심어들었다.

낭트
Nantes

푸아E
Poi...

리옹(Lyon)
프랑스 중부의 프랑스 제3의 도시인 리옹은 파리에서 420㎞ 떨어져 있는데 인구는 142만 명으로 파리와 차이가 있다. 도시는 중세 분위기의 구시가지와 유네스코 세계문화유산으로 지정된 곳이 중요한 관광지이다. 12월 초에 뤼미에르 축제는 리옹의 대표적인 축제로 빛의 향연을 볼 수 있다.

아비뇽(Avignon)
프로방스 지방은 대부분 백사장과 1년 내내 쏟아지는 햇살을 받을 수 있는 남프랑스를 생각한다. 하지만 아비뇽 교황청이 1307~1377년까지 교황 클레멘스 5세부터 7명의 교황이 머물렀던 곳으로 역사적인 도시로 골목길을 걸으며 중세의 멋을 느낄 수 있다.

FRANCE

파리
Paris

오를레앙
Orléans

디종
Dijon

클레르몽페랑
Clermont-Ferrand

리옹
Lyon

아비뇽
Avignon

몽펠리에
Montpellier

마르세유
Marseille

니스
Nice

니스(Nice)

남프랑스의 대표적인 휴양지인 니스는 코트다쥐르의 최대 도시로 인구가 100만 명의 대도시이다. 마르세유 다음으로 규모가 크지만 1년 내내 계속되는 백사장에서 즐기는 휴양은 마르세유와 완전히 다른 느낌의 도시를 볼 수 있다. 특히 2월 말이나 3월 초의 카니발 축제가 펼쳐지면서 봄이 온다는 것을 알 수 있다.

마르세유(Marseille)

마르세유는 파리를 제외하면 프랑스 최대 도시로 남부의 중요역할을 하고 있다. 인구는 160만 명으로 파리와 차이가 크다.

프랑스
자동차여행

Pont d'Avignon
St Bénezet
Centre des Congrès

P Palais des Papes

France

달라도 너무 다른 프랑스 자동차 여행

유럽에서 특별한 휴가를 보내고 싶다면, 유럽 여행의 인기 여행지 프랑스, 햇빛이 따갑게 다가오는 남프랑스, 시간이 멈춘 중부의 프랑스로 특별한 분위기를 자아내는 프랑스를 자동차로 여행해 보는 것도 좋다.

사방에 꽃으로 새로운 시작이 되었다는 즐거움, 대한민국이 미세먼지로 숨 쉬는 것조차 힘들고 외부출입이 힘들지만 프랑스에는 미세먼지가 없다. 한 여름에도 시원하게 불어오는 바람을 맞을 수 있고, 뜨거운 햇빛이 비추는 해변에서 나에게 비춰주는 따뜻한 마음이 살

아 있는 프랑스가 당신을 기다리고 있다.

우리가 알고 있던 유럽 여행과 전혀 다른 느낌을 보고 느낄 수 있으며, 초록이 뭉게구름과 함께 피어나는, 깊은 숨을 쉴 수 있고, 마음대로 자동차를 타고 여행하는 것이 더 편리한 곳이 프랑스이다. 최근에 엔데믹으로 가는 시기에 각 항공사들이 취항하면서 관광객은 더욱 쉽게 꿈꿀 수 있게 되었다.

프랑스는 전국을 잇는 대중교통이 대한민국만큼 좋은 편이 아니다. 그래서 자동차로 프랑스를 여행하는 것은 최적의 조합이라고 할 수 있다. 더운 여름에도 아침, 저녁으로 긴 팔을 입고 있던 바다부터 따뜻하지만 건조한 빛이 나를 감싸는 남프랑스의 해변 모습이 생생하게 눈으로 전해온다.

프랑스 자동차 여행을 해야 하는 이유

나만의 환상의 프랑스 여행

자동차 여행에서 가장 큰 장점은 나만의 여행을 다닐 수 있다는 것이다. 기차나 버스를 이용해 다니는 일반적인 프랑스 여행과 달리 이동 수단의 운행 여부나 시간에 구애 받지 않고 본인이 원하는 시간에 이동이 가능하며, 대중교통으로 이동하기 힘든 프랑스는 유럽에서 가장 패키지 여행수요가 많은 나라이다. 왜냐하면 자유여행으로 다니기에는 대중교통이 잘 갖춰진 나라는 아니었기 때문이다. 그래서 프랑스 소도시 위주의 여행을 하려면 자동차는 필수이다. 그래서 최근에 자동차 여행은 급격하게 늘어나는 추세이다.

짐에서 해방

프랑스를 여행하면 울퉁불퉁한 돌들이 있는 거리를 여행용 가방을 들고 이동할 때나 지하철에서 에스컬레이터 없이 계단을 들고 올라올 때 무거워 중간에 쉬면서 이렇게 힘들게 여행을 해야 하는 지를 자신에게 물어보는 여행자가 의외로 많다는 사실을 알았다.

일반적인 프랑스 여행과 다르게 자동차 여행을 하면 숙소 앞에 자동차가 이동할 수 있으므로 무거운 짐을 들고 다니는 경우는 손에 꼽게 된다.

줄어드는 숙소 예약의 부담

대부분의 프랑스 여행이라면 도시 중심에 숙소를 예약을 해야 하는 부담이 있다. 특히 성수기에 시설도 좋지 않은 숙소를 비싸게 예약할 때 기분이 좋지 않다. 그런데 자동차 여행은 어디든 선택할 수 있으므로 자신이 도착하려는 곳에서 숙소를 예약하면 된다. 또한 내가 어디에서 머무를지 모르기 때문에 미리 숙소를 예약하지 않고 점심시간 이후에 예약을 하기도 한다.

도시 중심에 숙소를 예약하지 않으면 숙소의 비용도 줄어들고 시설이 더 좋은 숙소를 예약할 수 있게 된다. 자동차 여행을 하다보면 여행 일정이 변경되는 경우가 많다. 대표적인 프랑스의 여행도시인 마르세유는 도시 내에서 숙소 예약이 대단히 힘들지만 조금만 도시를 벗어나 인근에 머문다면 성수기에도 당일에 저렴하게 나오는 숙소가 꽤 있기 때문에 숙소를 예약하는 데 부담이 줄어들게 된다.

줄어드는 교통비

프랑스 여행을 기차로 하려고 가격을 알아보면 상당히 비싼 교통비용을 알게 된다. 그래서 최근에는 자동차를 3~4인이 모여 렌트를 하고 비용을 나누어 프랑스를 여행하는 경우가 많아졌다.

자동차 여행을 2인 이상이 한다면 2주 정도의 풀보험 렌터카 예약을 해도 130만 원 정도에 유류비까지 더해 200만 원 정도면 가능하다. 교통비를 상당히 줄일 수 있다는 사실을 알 수 있다.

줄어든 식비

대형마트에 들러 필요한 음식을 자동차에 실어 다니기 때문에 미리 먹을 것을 준비하면 식비가 적게 든다. 하루에 점심이나 저녁 한 끼를 레스토랑에서 먹고 한 끼는 숙소에서 간단하게 요리를 해서 다니면 식비 절감에 도움이 된다.

소도시 여행이 가능

자동차 여행을 하는 여행자는 프랑스 여행을 이미 다녀온 여행자가 대부분이다. 한 번 이상의 프랑스 여행을 하면 소도시 위주로 여행을 하고 싶은 생각을 하게 된다. 그런데 시간이 한정적인 직장인이나 학생. 가족단위의 여행자들은 소도시 여행이 쉽지 않다.
자동차로 소도시 여행은 더욱 쉽다. 도로가 복잡하지 않고 교통체증이 많지 않아 이동하는 피로도가 줄어든다. 그래서 자동차로 소도시 위주의 여행을 하는 여행자가 늘어난다.
자동차로 운전하는 경우에 사고에 대한 부담이 크지만 점차 운전에 대한 위험부담은 줄어들고 대도시가 아니라 소도시 위주로 여행일정을 변경하기도 한다.

단점

자동차 여행 준비의 부담
처음 자동차 여행을 준비하는 사람에게는 큰 스트레스가 될 수 있다. 일반적인 유럽여행과는 다르게 자동차를 가지고 여행을 하는 것은 다른 여행 스타일이 만들어지기 때문에 출발 전에 부담이 될 수 있다.

운전에 대한 부담
기차로 이동을 하면 이동하는 시간 동안 휴식이나 숙면을 취할 수 있지만 자동차 여행의 경우에는 본인이 운전을 해야 하므로 피로도가 증가할 수 있다. 그래서 자동차 여행은 일정을 빡빡하게 만들어서 모든 것을 다 보고 와야겠다고 생각한다면 스트레스와 함께 다 볼 수 없다는 생각에 실망할 수도 있다.

1인 자동차 여행자의 교통비 부담
혼자서 여행하는 경우에는 기차 여행에 비해 더 많은 교통비가 들 수도 있으며, 동행을 구하기 어렵다. 동행이 생겨 같이 여행해도 렌터카를 빌리는 비용에서 추가적으로 고속도로 통행료, 연료비, 주차비 등의 비용이 발생하는 데 서로간의 마찰이 발생하기도 한다.

프랑스 렌트카 예약하기

글로벌 업체 식스트(SixT)

1

식스트 홈페이지(www.sixt.co.kr)로 들어
간다.

2

좌측에 보면 해외예약이 있다.
해외예약을 클릭한다.

3

렌트카 예약하기^{Car Reservation}에서 여행
날짜별, 장소별로 정해서 선택하고 밑의
가격계산^{Calculate price}를 클릭한다.

4

차량을 선택하라고 나온다. 이때 세 번째
알파벳이 'M'이면 수동이고 'A'이면 오
토(자동)이다. 우리나라 사람들은 대부분
오토를 선택한다. 차량에 마우스를 대면
차량선택^{Select Vehicle}이 나오는데 클릭을
한다.

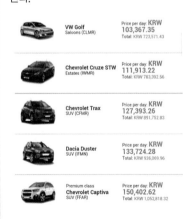

5

차량에 대한 보험을 선택하라고 나오면
보험금액을 보고 선택한다.

6

'Pay upon arrival'은 현지에서 차량을
받을 때 결재한다는 말이고, 'Pay now
online'은 바로 결재한다는 말이니 본인
이 원하는 대로 선택하면 된다.
이때 온라인으로 결재하면 5%정도 싸지
지만 취소할때는 3일치의 렌트비를 떼고
환불을 받을 수 있다는 것도 알고 선택하
자. 다 선택하면 비율 및 추가 허용Accept
rate and extras을 클릭하고 넘어간다.

7

세부적인 결재정보를 입력하는데 *가 나
와있는 부분만 입력하고 밑의 지금 예약
Book now을 클릭하면 예약번호가 나온다.

8

예약번호와 가격을 확인하고 인쇄해 가
거나 예약번호를 적어가면 된다.

9

이제 다 끝났다. 현지에서 잘 확인하고
차량을 인수하면 된다.

프랑스 자동차 여행 잘하는 방법

출발 전

1 프랑스 도로 지도를 놓고 여행코스와 여행 기간을 결정한다.

프랑스를 여행한다면 어느 정도의 기간 동안 여행할지 먼저 결정해야 한다. 사전에 결정도 하지 않고 렌터카를 예약할 수는 없다. 그러므로 사전에 미리 지도를 보면서 여행코스와 기간을 결정하고 나서 항공권부터 예약을 시작하면 된다.

2 기간이 정해지면 IN / OUT 도시를 결정하고 항공권을 예약한다.

기간이 정해지고 어느 도시로 입국을 할지 결정하고 나서 항공권을 찾아야 한다. 대부분의 여행자는 수도인 파리에서 들어오고 나가는 항공권을 구입하게 된다. 항공권은 여름 여행 이면 3월 초부터 말까지 구입하는 것이 가장 저렴하다. 겨울이라면 9월 초부터 말까지가 가장 저렴하다. 최소한 60일 전에는 항공기 티켓을 구입하는 것이 항공기 비용을 줄이는 방법이다. 아무리 렌터카 비용을 줄인다 해도 항공기 비용이 비싸다면 여행경비를 줄일 수 있는 방법은 없게 된다.

③ 항공권을 결정하면 렌터카를 예약해야 한다.

렌터카를 예약할 때 글로벌 렌터카 회사로 예약을 할지 로컬 렌터카 회사로 예약을 할지 결정해야 한다. 안전하고 편리함을 원한다면 당연히 글로벌 렌터카 회사로 결정해야 하지만 짧은 기간에 프랑스만 렌터카를 한다면 로컬 렌터카 회사도 많이 이용한다. 특히 이탈리아는 도시를 이동하는 기차가 시간이 정확하지 않고 버스가 발달하지 않은 나라라서 렌터카로 여행하는 것이 더 효율적일 경우가 많다.

④ 유로는 사전에 소액은 준비해야 한다.

공항에서 시내로 이동하려고 할 때 렌터카로 이동하면 상관없지만 파리를 먼저 둘러보고 자동차를 렌트하여 다른 도시로 이동한다면 고속도로를 이용할 수 있다. 그렇다면 공항에서 시내로 이동할 때부터 파리 관광을 하기 위해서는 사전에 유로를 이용해야 할 때가 있으니 사전에 미리 준비해 놓자.

① 심(Sim)카드를 가장 먼저 구입해야 한다.

공항에서 차량을 픽업해도 자동차 여행에서 가장 중요한 것은 스마트폰이다. 스마트폰은 네비게이션 역할도 하지만 응급 상황에서 다양하게 통화를 해야 할 수도 있다. 그래서 차량을 픽업하기 전에 미리 심Sim카드를 구입하고 확인한 다음 차량을 픽업하는 것이 순서이다.

심(Sim)카드

프랑스뿐만 아니라 유럽 전체에 나라에 상관없이 이용할 수 있는 심(Sim)카드는 보다폰(Vodafone)이 가장 널리 이용되고 있다. 2인 이상이 같이 여행을 한다면 2명 모두 심(Sim)카드를 이용해 같이 구글 맵을 이용하는 것이 전파가 안 잡히는 지역에서 문제해결에 도움을 받을 수 있다.

② 공항에서 자동차의 픽업까지가 1차 관문이다.

최근에 자동차 여행자가 늘어나면서 각 공항에는 렌터카 업체들이 공동으로 모여 있는 구역이 있다. 프랑스의 수도, 파리나 리옹 같은 큰 도시는 모두 자동차 여행을 위해 공동의 장소에서 렌터카 서비스를 원스톱 서비스를 지원하고 있다. 공항 자체가 작아서 렌터카 영업소를 쉽게 찾을 수 있다. 그러므로 어디로 이동할지 확인하고 사전에 예약한 서류와 신용카드, 여권, 국제 운전면허증, 국내 운전면허증을 확인해야 한다.
파리 공항 왼쪽으로 이동하면 바로 찾을 수 있다. 이동하면 렌터카를 한 번에 같이 이용할 수 있는 서비스를 제공하고 있다.

③ 보험은 철저히 확인한다.

프랑스의 수도인 파리에서 렌터카를 픽업해서 여행한다면 사전에 어디를 얼마의 기간 동안 여행할지 직원은 질문을 하게 된다. 이때 정확하게 알려준다면 직원이 사전에 사고 시에 안전하게 도움을 받을 수 있는 보험을 제안하게 된다. 그렇게 되면 사고가 나더라도 보험으로 커버를 하게 되므로 큰 문제가 발생하지 않는다. 하지만 대부분의 여행자는 프랑스만을 여행하는 경우가 많다. 그런데 프랑스 옆의 스페인이나 스위스까지 여행하면 1달이 넘는 시간이 필요할 수도 있다.

④ 차량을 픽업하게 되면 직원과 같이 차량을 꼼꼼하게 확인한다.

차량을 받게 되면 직원이 차량의 상태를 잘 알려주고 확인을 하지만 간혹 바쁘거나 그냥 건너뛰려는 경우가 있다. 그럴 때는 직접 사전에 꼼꼼하게 확인을 하고 픽업하는 것이 좋다. 또한 파리 공항에서는 지하로 가서 혼자서 차량을 받을 때도 있다. 그렇다면 처음 차량을 받아서 동영상이나 사진으로 차량의 전체를 찍어 놓고 의심이 가는 곳은 정확하게 찍어서 반납 시에 활용하는 것이 좋다.

⑤ 공항에서 첫날 숙소까지 정보를 갖고 출발하자.

차량을 인도받아서 숙소로 이동할 때 사전에 위치를 확인하고 출발해야 한다. 구글 지도나 가민 네비게이션이 있다면 반드시 출발 전에 위치를 확인하자. 도로를 확인하고 출발하면서 긴장하지 말고 천천히 이동하는 것이 좋다. 급하게 긴장을 하다보면 사고로 이어질 수 있으니 조심하자. 또한 도시로 진입하는 시간이 출, 퇴근 시간이라면 그 시간에는 쉬었다가 차량이 많지 않은 시간에 이동하는 것이 첫날 운전이 수월하다.

FRANCE

자동차 여행 중

① '관광지 한 곳만 더 보자는 생각'은 금물

유럽여행은 쉽게 갈 수 있는 해외여행지가 아니다. 그래서 한번 오는 프랑스 여행이라고 너무 많은 여행지를 보려고 하면 피로가 쌓이고 사고로 이어질 수 있으므로 잠은 충분히 자고 안전하게 이동하는 것이 중요하다. 또한 운전 중에도 졸리면 쉬었다가 이동하도록 해야 한다.

쉬운 말처럼 들릴 수 있지만 의외로 운전 중에 쉬지 않고 이동하는 운전자가 상당히 많다. 피로가 쌓이고 이동만 많이 하는 여행은 만족스럽지 않다. 자신에게 주어진 휴가기간 만큼 행복한 여행이 되도록 여유롭게 여행하는 것이 좋다. 서둘러 보다가 지갑도 잃어버리고 여권도 잃어버리기 쉽다. 허둥지둥 다닌다고 한 번에 다 볼 수 있지도 않으니 한 곳을 덜 보겠다는 심정으로 여행한다면 오히려 더 여유롭게 여행을 하고 만족도도 더 높을 것이다.

② 아는 만큼 보이고 준비한 만큼 만족도가 높다.

프랑스의 많은 관광지는 역사와 관련이 있다. 그런데 아무런 정보 없이 본다면 재미도 없고 본 관광지는 아무 의미 없는 장소가 되기 쉽다. 사전에 프랑스에 대한 정보는 습득하고 여행을 떠나는 것이 준비도 하게 되고 아는 만큼 만족도가 높은 여행이 될 것이다.

③ 감정에 대해 관대해져야 한다.

자동차 여행은 주차나 운전 중에 스트레스를 받을 수 있다. 난데없이 차량이 끼어들기를 한다든지, 길을 몰라서 이동 중에 한참을 헤매다 보면 자신이 당혹감을 받을 수 있다.

그럴 때마다 감정통제가 안 되어 화를 계속 내고 있으면 자동차 여행이 고생이 되는 여행이 된다. 그러므로 따질 것은 따지되 소리를 지르면서 따지지 말고 정확하게 설명을 하면 될 것이다.

프랑스 자동차 여행을 계획하는 방법

① 항공편의 In / Out과 주당 편수를 알아보자.

입·출국하는 도시를 고려하여 여행의 시작과 끝을 정해야 한다. 항공사는 매일 취항하지 않는 경우가 많기 때문에 날짜를 무조건 정하면 낭패를 보기 쉽다. 따라서 항공사의 일정에 맞춰 총 여행 기간을 정하고 도시를 맞춰봐야 한다. 가장 쉽게 맞출 수 있는 일정은 1주, 2주로 주 단위로 계획하는 것이다. 프랑스는 대부분 수도인 파리로 입국해 북부나 동부, 아니면 남부로 내려가면서 남프랑스를 둘러보는 여행이 동선 상에서 효과적이다.

② 프랑스 지도를 보고 계획하자.

프랑스를 방문하는 여행자들 중 유럽 여행이 처음인 여행자도 있고, 이미 경험한 여행자들도 있을 것이다. 누구라도 생소한 프랑스를 처음 간다면 어떻게 여행해야 할지 일정 짜기가 막막할 것이다. 기대를 가지면서도 두려움도 함께 가지고 있다. 일정을 짤 때 가장 먼저 정해야 할 것은 입국할 도시를 결정하는 것이다. 프랑스 여행이 처음인 경우에는 프랑스 지도를 보고 도시들이 어떻게 연결되어 있는지 알아두는 것이 좋다. 프랑스는 수도가 북쪽에 위치한 육각형 모양의 국토의 특징이 있어서 남부를 제외하면 수도인 파리에서 1~3일 정도의 시간이면 다녀올 수 있다.

일정을 직접 계획하기 위해서는 다음의 3가지를 꼭 기억 해두자.

① 지도를 보고 도시들의 위치를 파악하자.
② 도시 간 이동할 수 있는 도로가 있는지 파악하자.
③ 추천 루트를 보고 일정별로 계획된 루트에 자신이 가고 싶은 도시를 끼워 넣자.

---

③ 가고 싶은 도시를 지도에 형광펜으로 표시하자.

일정을 짤 때 정답은 없다. 제시된 일정이 본인에게는 무의미할 때도 많다. 자동차로 가기 쉬운 도시를 보면서 좀 더 경제적이고 효과적으로 여행할 방법을 생각해 보고, 여행 기간에 맞는 3~4개의 루트를 만들어서 가장 자신에게 맞는 루트를 정하면 된다.

① 도시들을 지도 위에 표시한다.
② 여러 가지 선으로 이어 가장 효과적인 동선을 직접 생각해본다.

④ '점'이 아니라 '선'을 따라가는 여행이라는 차이를 이해하자.

프랑스 자동차 여행 강의나 개인적으로 질문하는 대다수가 여행일정을 어떻게 짜야할지 막막하다는 물음이었다. 해외여행을 몇 번씩 하고 여행에 자신이 있다고 생각한 여행자들이 프랑스를 자동차로 여행하면서 자신만만하게 준비하면서 실수를 하는 경우가 많다.

예를 들어 우리가 프랑스 여행에서 파리에 도착을 했다면, 3~5일 정도 파리의 숙소에서 머무르면서, 파리를 둘러보고 다음 도시로 이동을 한다. 하지만 프랑스 자동차 여행은 대부분 도로를 따라 이동하기 때문에 자신이 이동하려는 지점을 정하여 일정을 계획해야 한다. 다시 말해 프랑스의 각 도시를 점으로 생각하고 점을 이어서 여행 계획을 만들어야 한다면, 자동차 여행은 도시가 중요하지 않고 이동거리(㎞)를 계산하여 여행계획을 짜야 한다.

① 이동하는 지점마다 이동거리를 표시하고
② 여행 총 기간을 참고해 자신이 동유럽의 여행 기간이 길면 다른 관광지를 추가하거나 이동거리를 줄여서 여행한다고 생각하여 일정을 만들면 쉽게 여행계획이 만들어진다.

프랑스 도로사정

프랑스는 유럽에서 가장 도로가 발달된 나라로 정평이 나 있다. 실제로 프랑스의 도로에서 자동차로 운전하면 잘 짜여진 도로망과 고속도로는 작은 마을 구석구석 이어져 있다. 프랑스는 1960년대부터 도로망을 개선하여 독일과 함께 유럽에서 도로망으로 쌍벽을 이루고 있다.

프랑스의 도로는 대한민국과 차이가 거의 없어서 운전을 하는 데에 불편함은 크지 않다. 게다라 프랑스는 평원으로 이어져 산악지형인 대한민국보다 운전하는 데 평탄하고 곧게 뻗어 있어 핸들을 조작하는 데도 편리하다. 도로는 대부분 한적한 편이므로 급하게 운전할 이유는 없다. 또한 졸음이 몰려온다든지 피곤하다면 휴계속에서 휴식을 취하고 이동하도록 하자.

FRANCE

칼래
Calais

릴
Lille

세르부르
Cherbourg

옹플뢰르
Honfleur

루앙
Rouen

아미앵
Amiens

랭스
Reims

메스
Metz

도빌
Deauville

파리
Paris

낭시
Nancy

스트라스부르
Strasbourg

브레스트
Brest

렌
Rennes

오를레앙
Orleans

트루아
Troyes

콜마르
Colmar

뮐루즈
Mulhouse

앙제
Angers

오세르
Auxerre

낭트
Nantes

투르
Tours

디종
Dijon

브장송
Besancon

부르주
Bourges

푸아티에
Poitiers

라로셸
La Rochelle

클레르몽페랑
Clermont-Ferrand

리옹
Lyon

안시
Annecy

제네바
Geneve

샤모니몽블랑
Chamonix-Mont-Blanc

샹베리
Chambery

보르도
Bordeaux

그로노블
Grenoble

아젱
Agen

비아리츠
Biarritz

아비뇽
Avignon

칸
Cannes

툴루즈
Toulouse

몽펠리에
Montpellier

루르드
Lourdes

마르세유
Marseille

페르피냥
Perpignan

안전한 프랑스 자동차 여행을 위한 주의사항

프랑스 여행은 일반적으로 안전하다. 폭력 범죄도 드물고 종교 광신자들로부터 위협을 받는 일도 거의 없다. 하지만 최근에 테러의 등장으로 일부 도시에서 자신도 모르게 테러의 위협에 내몰리고 있기도 하다. 하지만 테러의 위협은 상당히 제한적이기 때문에 테러로 프랑스 여행을 가는 관광객이 크게 걱정할 필요는 없다. 프랑스 여행에서 여행자들에게 주로 닥치는 위협은 소매치기나 사기꾼들이다. 특별히 주의해야 할 것에 대해서 알아보자.

차량

1. 차량 안 좌석에는 비워두자.

자동차로 프랑스 여행을 하면서 사고 이외에 차량 문제가 가장 많이 발생하는 것은 차량 안에 있는 가방이나 카메라, 핸드폰을 차량의 유리창을 깨고 가지고 달아나는 것이다. 경찰에 신고를 하고 도둑을 찾으려고 해도 쉬운 일이 아니기 때문에 사전에 조심하는 것이 최고의 방법이다. 되도록 차량 안에는 현금이나 가방, 카메라, 스마트  폰을 두지 말고 차량 주차 후에는 트렁크에 귀중품이나 가방을 두는 것이 안전하다.

2. 안 보이도록 트렁크에 놓아야 한다.

자동차로 여행할 때 차량 안에 가방이나 카메라 등을 보이게 두어 도둑을 유혹하는 행동을 삼가고 되도록 숙소의 체크아웃을 한 후에는 트렁크에 넣어서 안 보이도록 하는 것이 중요하다.

3. 호스텔이나 도시 내에서는 가방보관에 주의해야 한다.

염려가 되면 가방을 라커에 넣어 놓던지 렌터카의 트렁크에 넣어놓아야 한다. 항상 여권이나 현금, 카메라, 핸드폰 등은 소지하거나 차량의 트렁크에 넣어두는 것이 좋다. 호텔이라면 여행용 가방에 넣어서 아무도 모르는 상태에 있어야 소지품

을 확실히 지켜줄 수 있다. 보라는 듯이 카메라나 가방, 핸드폰을 보여주는 것은 문제를 일으키기 쉽다. 고가의 카메라나 스마트폰은 어떤 유럽국가에서도 저임금 노동자의 한 달 이상의 생활비와 맞먹기 때문에 소매치기나 도둑이 좋아할 물건일 수밖에 없다.

4. 모든 고가품은 잠금장치나 지퍼를 해놓는 가방이나 크로스백에 보관하자.

도시의 기차나 버스에서는 잠깐 졸수도 있으므로 가방에 몸에 부착되어 있어야 한다. 몸에서 벗어나는 일이 없도록 하자. 졸 때 누군가 자신을 지속적으로 치고 있다면 소매치기를 하기 위한 사전작업을 하고 있는 것이다. 잠깐 정류장에 서게 되면 조는 사람을 크게 치고 화를 내면서 내린다. 미안하다고 할 때 문이 닫히면 웃으면서 가는 사람을 발견할 수도 있다. 그러면 반드시 가방을 확인해야 한다.

5. 주차 시간은 넉넉하게 확보하는 것이 안전하다.

어느 도시에 도착하여 사원이나 성당 등을 들어가기 위해 주차를 한다면 주차 요금이 아깝다고 생각하기가 쉽다. 그래서 성당을 보는 시간을 줄여서 보고 나와서 이동한다고 생각할 때는 주차요금보다 벌금이 매우 비싸다는 생각을 해야 한다. 주차요금 조금 아끼겠다고 했다가 주차시간이 지나 자동차로 이동했을 때 자동차 바퀴에 자물쇠가 채워져 있는 경우도 상당하다.

주의

특히 프랑스를 여행할 때 주의를 해야 한다. 수도인 파리를 중심으로 동부의 스트라스부르로 이동하는 콜마르 등의 도시들과 서부, 남부 지방의 소도시들은 최근에 도난 사고가 발생하고 있다. 경찰들이 관광객이 주차를 하면 시간을 확인했다가 주차 시간이 끝나기 전에 대기를 하고 있다가 주차 시간이 종료되면 딱지를 끊거나 심지어는 자동차 바퀴에 자물쇠를 채우는 경우도 발생한다.

도시 여행 중

1. 여행 중에 백팩(Backpack)보다는 작은 크로스백을 활용하자.
작은 크로스백은 카메라, 스마트폰 등을 가지고 다니기에 유용하다. 소매치기들은 가방을 주로 노리는데 능숙한 소매치기는 단 몇 초 만에 가방을 열고 안에 있는 귀중품을 꺼내가기도 한다. 지퍼가 있는 크로스백이 쉽게 안에 손을 넣을 수 없기 때문에 좋다.
크로스백은 어깨에 사선으로 메고 다니기 때문에 자신의 시선 안에 있어서 전문 소매치기라도 털기가 쉽지 않다. 백팩은 시선이 분산되는 장소에서 가방 안으로 손을 넣어 물건을 집어갈 수 있다. 혼잡한 곳에서는 백팩을 앞으로 안고 눈을 떼지 말아야 한다.
전대를 차고 다니면 좋겠지만 매일같이 전대를 차고 다니는 것은 고역이다. 항상 가방에 주의를 기울이면 도둑을 방지할 수 있다. 가방은 항상 자신의 손에서 벗어나는 일은 주의하는 것이 가방을 잃어버리지 않는 방법이다. 크로스백을 어깨에 메고 있으면 현금이나 귀중품은 안전하게 보호할 수 있다. 백 팩은 등 뒤에 있기 때문에 크로스백보다는 안전하지 않다.

2. 하루의 경비만 현금으로 다니고 다니자.
대부분의 여행자들은 집에서 많은 현금을 들고 다니지 않지만 여행을 가서는 상황이 달라진다. 아무리 많은 현금을 가지고 다녀도 전체 경비의 10~15% 이상은 가지고 다니지 말자. 나머지는 여행용가방에 넣어서 트렁크에 넣어나 숙소에 놓아두는 것이 가장 좋다.

3. 자신의 은행계좌에 연결해 꺼내 쓸 수 있는 체크카드나 현금카드를 따로 가지고 다니자.
현금은 언제나 없어지거나 소매치기를 당할 수 있다. 그래서 현금을 쓰고 싶지 않지만 신용카드도 도난의 대상이 된다. 신용카드는 도난당하면 더 많은 문제를 발생시킬 수 있으므로 통장의 현금이 있는 것만 문제가 발생하는 신용카드 기능이 있는 체크카드나 현금카드를 2개 이상 소지하는 것이 좋다.

4. 여권은 인터넷에 따로 저장해두고 여권용 사진은 보관해두자.

여권 앞의 사진이 나온 면은 복사해두면 좋겠지만 복사물도 없어질 수 있다. 클라우드나 인터넷 사이트에 여권의 앞면을 따로 저장해 두면 여권을 잃어버렸을 때 프린트를 해서 한국으로 돌아올 때 사용할 단수용 여권을 발급받을 때 사용할 수 있다.

여권용 사진은 사용하기 위해 3~4장을 따로 2곳 정도에 나누어 가지고 있는 것이 좋다. 예전에 여행용 가방을 잃어버리면서 여권과 여권용 사진을 잃어버린 것을 보았는데 부부가 각자의 여행용 가방에 동시에 2곳에 보관하여 쉽게 해결할 경우를 보았다.

5. 스마트폰은 고리로 연결해 손에 끼워 다니자.

스마트폰을 들고 다니면서 사진도 찍고 SNS로 실시간으로 한국과 연결할 수 있는 귀중한 도구이지만 스마트폰은 도난이나 소매치기의 표적이 된다. 걸어가면서 손에 있는 스마트폰을 가지고 도망하는 경우도 발생하기 때문에 스마트폰은 고리로 연결해 손에 끼워서 다니는 것이 좋다. 가장 좋은 방법은 크로스백 같은 작은 가방에 넣어두는 경우지만 워낙에 스마트폰의 사용빈도가 높아 가방에만 둘 수는 없다.

6. 여행용 가방 도난

여행용 가방처럼 커다난 가방이 도난당하는 것은 호텔이나 아파트가 아니다. 저렴한 YHA에서 가방을 두고 나오는 경우와 당일로 다른 도시로 이동하는 경우이다. 자동차로 여행을 하면 좋은 점이 여행용 가방의 도난이 거의 없다는 사실이다. 하지만 공항에서 인수하거나 반납하는 경우가 아니면 여행용 가방의 도난은 발생할 수 있다는 사실을 인지해야 한다.

호텔에서도 체크아웃을 하고 도시를 여행할 때 호텔 안에 가방을 두었을 때 여행용 가방을 잃어버리지 않으려면 자전거 체인으로 기둥에 묶어두는 것이 가장 좋고 YHA에서는 개인 라커에 짐을 넣어두는 것이 좋다.

7. 날치기에 주의하자.

프랑스 여행에서 가장 기분이 나쁘게 잃어버리는 것이 날치기이다. 특히 프랑스에서는 날치기가 거의 발생하지 않고 있지만 최근에 빈부 격차가 심해지면서 발생하고 있다.

내가 모르는 사이에 잃어버리면 자신에게 위해를 가하지 않고 잃어버려서 그나마 나은 경우이다. 날치기는 황당함과 함께 걱정이 되기 시작한다. 길에서의 날치기는 오토바이나 스쿠터를 타고 다니다가 순식간에 끈을 낚아채 도망가는 것이다. 그래서 크로스백을 어깨에 사선으로 두르면 낚아채기가 힘들어진다. 카메라나 핸드폰이 날치기의 주요 범죄 대상이다. 길에 있는 노

천카페의 테이블에 카메라나 스마트폰, 가방을 두면 날치기는 가장 쉬운 범죄의 대상이 된다. 그래서 손에 끈을 끼워두거나 안 보이도록 하는 것이 가장 중요하다.

8. 지나친 호의를 보이는 현지인

프랑스 여행에서 지나친 호의를 보이면서 다가오는 현지인을 조심해야 한다. 오랜 시간 여행을 하면서 주의력은 떨어지고 친절한 현지인 때문에 여행의 단맛에 취해 있을 때 사건이 발생한다.

영어를 유창하게 잘하는 친절한 사람이 매우 호의적으로 도움을 준다고 다가온다. 그 호의는 거짓으로 호의를 사서 주의력을 떨어뜨리려고 하는 것이다. 화장실에 갈 때 친절하게 가방을 지켜주겠다고 한다면 믿고 가지고 왔을 때 가방과 함께 아무도 없는 경우가 발생한다. 피곤하고 무거운 가방이나 카메라 등이 들기 귀찮아지면 사건이 생기는 경우가 많다.

9. 경찰 사칭 사기

프랑스를 여행하다 보면 아주 가끔 신분증 좀 보여주세요? 라면서 경찰복장을 입은 남자가 앞에 있다면 당황하게 된다. 특수경찰이라면 사복을 입은 경찰이라는 사람을 보게 되기도 한다. 뭐라고 하건 간에 제복을 입지 않았다면 당연히 의심해야 하며 경찰복을 입고 있다면 이유가 무엇이냐고 물어봐야 한다.

환전을 할 거냐고 물어보고 답하는 순간에 경찰이 암환전상을 체포하겠다고 덮친다. 그 이후 당신에게 여권을 요구하거나 위조지폐일 수도 있으니 돈을 보자고 요구한다. 이때 현금이나 지갑을 낚아채서 달아나는 경우가 발생한다.

말할 필요도 없이 여권을 보여주거나 현금을 보여주어서는 안 된다. 만약 경찰 신분증을 보자고 해도 슬쩍 보여준다면 가까운 경찰서에 가자고 요구하여 경찰서에서 해결하려고 해야 한다.

프랑스 고속도로

파리를 기점으로 남 프랑스의 니스, 툴루즈, 동부의 스트라스부르를 연결하는 고속도로가 잘 구축되어 있다. 대부분의 고속도로가 유료이고 대한민국처럼 톨게이트를 들어가면서 표를 뽑고 나갈 때 계산하면서 나가는 방법은 동일하다. 하지만 최근에는 우리의 '하이패스' 같은 방식이 도입된 후 사전에 현금이나 카드를 반드시 미리 준비해야 한다. 카드만 가능한 통로로 진입하여 현금만 있다거나 현금만 사용가능한 곳에 카드만 있다면 난감하다. 통행료는 우리보다 30%이상 비싸고 최고 속도는 130km이지만 150km로 다니는 자동차도 상당히 많다. 1차선으로 추월하고 2차선으로 돌아가는 방식이므로 1차선에서 저속으로 운전하면 뒤에 있는 차들은 깜박이를 계속 알리거나 경적을 울리기도 하므로 조심하는 것이 좋다.

고속도로를 달리다 보면 휴게소도 휴식을 취하는 데 중요한 요소이다. 이탈리아는 프랑스를 본떠 휴게소 정비작업을 하고 있는데, 프랑스는 공원처럼 꾸며놓은 휴게소가 인상적이다.

그들은 파리나 마르세유, 리옹 등의 대도시 내에서는 일방통행 도로가 많고 트램도 있어서 운전을 하는 데 조심해야 하지만 고속도로는 도로 상태가 좋고 차량이 적어서 운전을 하기는 비교적 쉽다.

국도(N으로 표시 / 지방도로는 D로 표시)

제한속도가 시속 110km/h이고 지방도로는 90km/h작은 마을로 들어가면 시속 50km로 바뀌므로 반드시 작은 도시나 마을로 진입하면 속도를 줄이도록 인식하고 운전하는 것이 감시카메라에 잡히지 않는다. 최근에는 렌트 기간이 지나 감시카메라에 확인되면 신용카드를 통해 추후에 벌금이 청구된다.

프랑스 도로 운전 주의사항

프랑스를 렌터카로 여행할 때 걱정이 되는 것은 고속도로에서 "사고가 나면 어떡하지?"하는 것이 가장 많다. 지금 그 생각을 하고 있다면 걱정일 뿐이다. 프랑스의 고속도로는 속도가 시속 130㎞/h로 우리나라의 시속 100㎞/h보다 빠르다.

더군다나 프랑스는 고속도로에 차가 많지 않아 운전을 할 때 힘들지 않다. 렌터카로 프랑스에서 운전할 생각을 하다보면 단속 카메라도 신경 써야 할 것 같고, 막히면 다른 길로 가거나 내 차를 추월하여 가는 차들이 많아서 차선을 변경할 때도 신경을 써야 할 것 같지만 프랑스는 차량도 많지 않고 속도도 느리다는 생각은 별로 들지 않는다.

프랑스의 교통규칙이나 대한민국의 교통규칙은 대부분 비슷하다. 전 세계는 거의 같은 교통규칙으로 연결되어 큰 문제없이 우리가 렌터카로 스페인을 여행할 수 있는 것이다. 그러나 문제는 우리가 관습적으로 운전을 하기 때문에 교통규칙을 잘 모르고 있다는 데에 문제가 있다.

도로 표지판

도로 표지판도 대한민국에서 보는 것과 차이가 거의 없다. 또한 주차를 시내에서 할 때 주
차료를 아까워하면 안 된다. 반드시 정해진 주차장에서 시간에 맞추어 주차를 해야 견인을
막을 수 있다. 숙소에서 사전에 주차가 되는 지 확인하고 숙소에 차량을 두고 시내관광을
하는 것이 주차의 고민을 해결하는 방법이기도 하다.

현재 A7번 고속도로(유럽연합 E70번도로)를 운전하고 보르도를 향해 가고 있다.

교통안내 / 주의 표지판

라운드 어바웃Round About,
회전 교차로가 나온다는
표지판이다. 유럽은 회전
교차로가 많으므로 표지
판을 보면 속도를 줄이고
진입을 해야 한다.

주정차 금지 표지판으로 주차
를 할 생각도 말아야 한다. 도
시의 대부분 중심 도로는 주정
차 금지구역이다.
오른쪽처럼 아무 표시가 없다
면 차량 자체가 진입할 수 없다
는 표시로 이탈리아의 ZTL 표
시가 비슷하다.

추월 금지 표지판으로 추
월하지 말고 천천히 이동
해야 한다는 의미로 속도
를 줄이고 이동하는 것이
좋다.

전방에 있는 차량에 우선권이 있으므로 양보하라는 의미이다. 글자로 표시가 되기도 하고 없기도 하다.

전방에 있는 차량에 우선권이 있으므로 양보하라는 의미이다. 글자로 표시가 되기도 하고 없기도 하다.

오른쪽으로 돌아가는 도로(우회전 차량)에 우선권이 있다는 표시로 우선권이 있는 도로에 진하게 도로를 표시한다.

우선권 있는 도로가 시작된다는 의미이다.

도로가 막혔다는 표시로 막다른 도로이거나 도로를 막아놓고 공사를 할 때 사용한다.

고속도로가 나온다는 표시로 전방에 고속도로로 진입할 때 나오는 표지판이다.

프랑스의 출구 표시

일방통행으로 어느 방향으로 가는 도시나 고속도로를 표시할 때 사용한다.

자동차 여행 준비 서류

국제 운전면허증, 국내 운전면허증, 여권, 신용카드

국제운전면허증

도로교통에 관한 국제협약에 의거해 일시적으로 외국여행을 할 때 여행지에서 운전할 수 있도록 발급되는 국제 운전 면허증으로 발급일로부터 1년간 운전이 가능하다. 전국운전면허시험장이나 경찰서에서 발급할 수 있다. 발급 시간은 1시간 이내지만 최근에는 10분 이내로 발급되는 경우가 많다.

▶준비물 : 본인 여권, 운전면허증, 사진 1매 (여권용 혹은 칼라반명함판)
▶비용 : 8,500원

차량 인도할 때 확인할 사항

차량 확인

렌터카를 인수하는 경우, 꼼꼼하게 1. **차량의 긁힘 같은 상태를 확인**하는 것은 기본적인 사항이다. 최근에는 차량을 인도받으면 동영상으로 차량의 모습을 가까이에서 찍어 놓으면 나중에 활용이 가능하다. 차체 옆면은 앞이나 뒤에서 비스듬하게 빛을 비추어보면 파손된 부분이 확인된다. 타이어는 2. **옆면에 긁힘을 확인**

하여 타이어 손상에 대비해야 한다. 3. **유리가 금이 가 있는지 확인**해야 한다. 마지막으로 4. **비상 장비인 예비타이어와 삼각대, 경광봉 등이 있는지 확인**해야 한다.

차량 내부

연료가 다 채워져 있는지 확인하고 주행 거리를 처음에 확인해야 한다. 차량의 내부는 크게 부서진 부분을 확인할 사항은 없지만 청소 상태와 운전할 때의 주의사항은 설명을 듣고 운전을 시작하는 것이 안전하다. 로컬 업체에 예약을 하고 인도하는 경우에는 문제가 있다고 생각 되면 차량 인도전에 확인을 하고 처리를 받고 출발해야 안전하다.

연료

비슷한 모양의 차량이라도 휘발유와 경유가 다르기 때문에 차량 인도 시 연료를 꼭 확인해야 한다. 연비적인 측면에서 경유가 유리하다.

주행 거리

차량의 주행거리를 확인하는 것은 이 차량이 오래된 차량인지 최신 차량인지를 알 수 있는 기본적인 정보이다. 특히 로컬 렌터카 업체에서 예약을 하면 오래된 구식 차량을 인도받을 경우가 많기 때문에 차량의 상태를 확인하는 것이 좋다. 허츠(Hertz)나 식스트(Sixt) 같은 글로벌 렌터카는 구식차량보다는 최근의 차량을 많이 이용하고 있으므로 구식 차량일 경우는 많지 않다. 또한 오래된 차량이면 교체를 해 달라고 요청해도 된다. 대부분 주행거리가 무제한이므로 문제가 되지는 않는다. 무제한이 아닌 경우가 있기 때문에 예약을 할 때 확인하는 것이 좋다.

해외 렌트보험

■ 자차보험 | CDW(Collision Damage Waiver)
운전자로부터 발생한 렌트 차량의 손상에 대한 책임을 공제해 주는 보험이다.(단, 액세서리 및 플렛 타이어, 네이게이션, 차량 키 등에 대한 분실 손상은 차량 대여자 부담)
CDW에 가입되어 있더라도 사고시 차량에 손상이 발생할 경우 임차인에게 '일정 한도 내의 고객책임 금액CDW NON-WAIVABLE EXCESS이 적용된다.

■ 대인/대물보험 | LI(LIABILITY)
유럽렌트카에서는 임차요금에 대인대물 책임보험이 포함되어 있다. 최대 손상한도는 무제한이다. 해당 보험은 렌터카 이용 규정에 따라 적용되어 계약사항 위반 시 보상 받을 수 없다.

■ 도난보험 | TP(THEFT PROTECTION)
차량/부품/악세서리 절도, 절도미수, 고의적 파손으로 인한 차량의 손실 및 손상에 대한 재정적 책임을 경감해주는 보험이다. 사전 예약 없이 현지에서 임차하는 경우, TP가입 비용이 추가 되는 경우가 많다. TP에 가입되어 있더라도 사고 시 차량에 손상이 발생할 경우 임차인에게 '일정 한도 내의 고객책임 금액TP NON-WAIVABLE EXCESS'이 적용된다.

■ 슈퍼 임차차량 손실면책 보험 | **SCDW**(SUPER COVER)

일정 한도 내의 고객책임 금액(CDW NON-WAIVABLE EXCESS)'와 'TP NON-WAIVABLE EXCESS'를 면책해주는 보험이다.

슈퍼커버SUPER COVER보험은 절도 및 고의적 파손으로 인한 임차차량 손실 등 모든 손실에 대해 적용된다. 슈퍼커버보험이 적용되지 않는 경우는 차량 열쇠 분실 및 파손, 혼유사고, 네이베이션 및 인테리어이다. 현지에서 임차계약서 작성 시 슈퍼커버보험을 선택, 가입할 수 있다.

■ 자손보험 | **PAI**(Personal Accident Insurance)

사고 발생시, 운전자(임차인) 및 대여 차량에 탑승하고 있던 동승자의 상해로 발생한 사고 의료비, 사망금, 구급차 이용비용 등의 항목으로 보상받을 수 있는 보험이다.

유럽의 경우 최대 40,000유로까지 보상이 가능하며, 도난품은 약 3,000유로까지 보상이 가능하다. 보험 청구의 경우 사고 경위서와 함께 메디칼 영수증을 지참하여 지점에 준비된 보험 청구서를 작성하여 주면 된다. 해당 보험은 렌터카 이용 규정에 따라 적용되며, 계약 사항 위반 시 보상받을 수 없다.

여권 분실 및 소지품 도난 시 해결 방법

여행에서 도난이나 분실과 같은 어려움에 봉착하면 당황스러워지게 마련이다. 여행의 즐거움은 커녕 여행을 끝내고 집으로 돌아가고 싶은 생각만 든다. 따라서 생각지 못한 도난이나 분실의 우려에 미리 조심해야 한다. 방심하면 지갑, 가방, 카메라 등이 없어지기도 하고 최악의 경우 여권이 없어지기도 한다.

이때 당황하지 않고, 대처해야 여행이 중단되는 일이 없다. 해외에서 분실 및 도난 시 어떻게 해야 할지를 미리 알고 간다면 여행을 잘 마무리할 수 있다. 너무 어렵게 생각하지 말고 해결방법을 알아보자.

여권 분실 시 해결 방법

여권은 외국에서 신분을 증명하는 신분증이다. 그래서 여권을 분실하면 다른 나라로 이동할 수 없을뿐더러 비행기를 탈 수도 없다. 여권을 잃어버렸다고 당황하지 말자. 절차에 따라 여권을 재발급받으면 된다. 먼저 여행 중에 분실을 대비하여 여권 복사본과 여권용 사진 2장을 준비물로 꼭 챙기자.

여권을 분실했을 때에는 가까운 경찰서로 가서 폴리스 리포트Police Report를 발급받은 후 대사관 여권과에서 여권을 재발급 받으면 된다. 이때 여권용 사진과 폴리스 리포트, 여권 사본을 제시해야 한다.

재발급은 보통 1~2일 정도 걸린다. 다음 날 다른 나라로 이동해야 하면 계속 부탁해서 여권을 받아야 한다. 부탁하면 대부분 도와준다. 나 역시 여권을 잃어버려서 사정을 이야기했더니, 특별히 해준다며 반나절만에 여권을 재발급해 주었다. 절실함을 보여주고 화내지 말고 이야기하자. 보통 여권을 분실하면 화부터 내고 어떻게 하냐는 푸념을 하는데 그런다고 해결되지 않는다.

여권 재발급 순서
1. 경찰서에 가서 폴리스 리포트 쓰기
2. 대사관 위치 확인하고 이동하기
3. 대사관에서 여권 신청서 쓰기
4. 여권 신청서 제출한 후 재발급 기다리기

여권을 신청할 때 신청서와 제출 서류를 꼭 확인하여 누락된 서류가 없는지 재차 확인하자. 여권을 재발급받는 사람들은 다 절박하기 때문에 앞에서 조금이라도 시간을 지체하면 뒤에서 짜증내는 경우가 많다. 여권 재발급은 하루 정도 소요되며, 주말이 끼어 있는 경우는 주말 이후에 재발급받을 수 있다.

소지품 도난 시 해결 방법

해외여행을 떠나는 여행객이 늘면서 도난사고도 제법 많이 발생하고 있다. 이러한 경우를 대비하여 반드시 필요한 것이 여행자보험에 가입하는 것이다. 여행자보험에 가입한 경우 도난 시 대처 요령만 잘 따라준다면 보상받을 수 있다.

먼저 짐이나 지갑 등을 도난당했다면 가장 가까운 경찰서를 찾아가 폴리스 리포트를 써야 한다. 신분증을 요구하는 경찰서도 있으니 여권이나 여권 사본을 챙기고, 영어권이 아닌 지역이라면 영어로 된 폴리스 리포트를 요청하자. 폴리스 리포트에는 이름과 여권번호 등 개인정보와 물품을 도난당한 시간과 장소, 사고 이유, 도난 품목과 가격 등을 자세히 기입해야 한다. 폴리스 리포트를 작성하는 데에는 약 1시간 이상이 소요된다.

폴리스 리포트를 쓸 때 도난^{stolen}인지 단순분실

폴리스 리포트 예 : 지역에 따라 양식은 다를 수 있다. 그러나 포함된 내용은 거의 동일하다.

lost인지를 물어보는데, 이때 가장 조심해야 한다. 왜냐하면 대부분은 도난이기 때문에 'stolen'이라고 경찰관에게 알려줘야 한다. 단순 분실의 경우 본인 과실이기 때문에 여행자보험을 가입했어도 보상받지 못한다. 또한 잃어버린 도시에서 경찰서를 가지 못해 폴리스 리포트를 작성하지 못했다면 여행자보험으로 보상받기 어렵다. 따라서 도난 시에는 꼭 경찰서에 가서 폴리스 리포트를 작성하고 사본을 보관해 두어야 한다.

여행을 끝내고 돌아와서는 보험회사에 전화를 걸어 도난 상황을 이야기한 후, 폴리스 리포트와 해당 보험사의 보험료 청구서, 휴대품신청서, 통장사본과 여권을 보낸다. 도난당한 물품의 구매 영수증은 없어도 상관 없지만 있으면 보상받는 데 도움이 된다.

보상금액은 여행자보험 가입 당시의 최고금액이 결정되어 있어 그 금액 이상은 보상이 어렵다. 보통 최고 50만 원까지 보상받는 보험에 가입하는 것이 일반적이다. 보험회사 심사과에서 보상이 결정되면 보험사에서 전화로 알려준다. 여행자보험의 최대 보상한도는 보험의 가입금액에 따라 다르지만 휴대품 도난은 1개 품목당 최대 20만 원까지, 전체 금액은 80만 원까지 배상이 가능하다. 여러 보험사에 여행자보험을 가입해도 보상은 같다. 그러니 중복 가입은 하지 말자.

여행과 변화를 사랑하는 사람은 생명이 있는 사람이다.

-바그너-

프랑스의 그림 같은 동화 마을, 우제르체^{Uzerche}

지중해의 따뜻한 햇빛 속에 자리한 남 프랑스에서는 공기 중에 예술과 즐거움이 떠다니는 것 같은 느낌이다. 조금만 내륙으로 들어가 중부의 프랑스에만 가도 무기력증에 빠진 사람들에게 욕구를 불러일으키고, 중요하지 않은 사람들을 중요하게 만들어주며, 인생에 있어 목표를 잃은 사람들에게 방향을 알려줄 거 같은 옛 동화로 들어가게 만들어주는 마을이 우제르체^{Uzerche}가 아닐까 생각한다.

우제르체^{Uzerche}에는 끝이 보일 정도로 작은 마을이지만 그 마을을 보고 있노라면, 물론 살았던 기억이야 사람에 따라 다르겠지만 여행자에게는 느낌이 개인마다 달라 끝이 없다. 우리가 누구였든지 세상이 어떻게 변했든지 모르고 바쁘게 살아가지만 누구나 한 줌의 흙으로 돌아갈 것이다. 힘들게 아니면 손쉽게 살아가는 인생이 다들 다르지만 인생에서 동화 같다는 느낌은 한 번은 받아보았으면 좋을 거 같다. 우제르체^{Uzerche}가 그럴만한 가치가 있는 것은 곳곳에 넘쳐나는 기품있는 '향기' 때문일 것이다.

물소리는 물론이고, 마을 구석구석에서 만나는 크고 작은 많은 집들, 쏟아지는 햇살, 길가 어느 곳에서도 만날 수 있는 친절한 사람들의 미소까지 우제르체^{Uzerche}의 땅을 밟으면 마치 어디선가 첫 사랑을 다시 마주할 것만 같은 묘한 설렘에 빠져들게 될 것이다.

들뜬 마음으로 프랑스 여행을 시작하면 첫날부터 정신없이 다니다가는 숨이 차서 그만 문화적으로 소화불량에 걸리기 쉽다. 언제 다시 오게 될지 몰라, 간절한 마음이 되어 이곳저곳 다니는 것은 좋지 않다. 노을 지는 고즈넉한 장면을 보면서 냇가를 거닐며 바로 그 공간에서 오래 전 숨 쉬었을 사람들을 떠올리면서 여유는 무엇인가 생각하게 된다. 카페에 들러 저녁 식사의 여유를 음미하기도 하고, 카페에서 와인이나 차가운 샴페인을 음미하는 것도 좋을 것이다.

아침 햇살

밖에서 지저귀는 새들은 내가 일어날 시간을 알려준다. 알람을 맞춰놓은 스마트폰이 아닌 자연이 나에게 시간을 알려준다. 내가 눈을 떠서 맞는 새로운 아침, 내가 여기에 머물기에, 모든 일이 바라는 대로만 흘러가는 남프랑스의 날들은 나에게는 작은 아침의 여유로운 특권이 기분을 풍만하게 해준다. 물을 마시고 창문을 열고 벌써 청명하게 올라와 있는 햇살을 맞으면 기분은 벌써 저만큼 걸어가고 있다.

곧이어 침대에서 다시 누워 창문을 보니 많은 햇빛이 나의 침대에 쏟아진다. 일어나서 창문까지 걸어가 커튼을 걷는 것이 길고 멀게만 느껴져서 침대에서 머뭇거렸던 시간들이 후회스럽게 만드는 나를 따뜻하게 반겨주는 햇빛이 비쳐온다.

창문을 열고 하얀 얇은 천의 레이스 커튼만 치고 바람에 흔들리는 커튼을 한참 침대에 누워 바라본다. 구름의 움직임에 따라서 강해졌다 사라졌다 하는 햇빛, 그리고 살랑이는 레이스 커튼과 창문을 통해 들려오는 사람들의 깔깔거리는 소리가 나에게 오늘을 거뜬히 시작하지 않으면 안 될 것만큼 생기를 불어주는 고마운 아침을 만들어주었다.

음악을 따로 틀지 않아도 정겨운 이웃들의 아침을 시작하는 소리를 창문으로 들으니 저절로 쾌활한 기분이 든다. 집골목 입구에 있는 카페로 발걸음을 옮긴다. 카페는 프랑스 사람들의 일상이 그대로 녹아있는 곳이다. 회사에 일 나가는 사람들이 느끼는 파리의 분위기가 아닌 남프랑스의 카페에서는 아이 엄마들, 노부부들 모두가 하루를 시작하고 혹은 젊은이들을 뜨거운 커피로 하루를 정리하기도 한다. 나는 주로 아침 10시가 넘어 카페에 들른다. 커피를 마시며 하루를 어떻게 보낼지 생각해보고 나의 일에 대해 생각도 하지만 나의 인생에 대해 바라보는 시간을 가질 수 있다는 사실에 감사한다.

안에서도 나를 보고 힘차게 손을 흔들어서 아침인사를 해주는 정겨운 이웃들도 생겨났다. 나는 이곳의 피스타치오 크림이 들어간 크라상과 카푸치노를 마시고 그 맛과 가격에 반했다. 남프랑스의 앙티브, 서울에서 먹던 가격에 익숙해진 나에게 커피와 빵 가격은 훨씬 적게 느껴졌다.

프랑스의 카페 안에는 프랑스 인들의 일상, 어쩌면 일생이 모두 녹아있다고 할 정도로 많은 시간을 보내는 공간이다. 해가 일찍 뜨는 남프랑스에서는 아침 6시부터 장사를 시작하는 카페들이 꽤 있다. 그 이전 새벽부터 지하에서 빵을 만드는 제빵사들은 매우 바쁜 하루를 시작하겠지 생각하니 누군가의 여유로운 일상에는 누군가의 희생이 있어야 한다는 사실로 감사한 마음이 든다.

그렇게 해서 갓 만들어진 빵들을 가장 먼저 먹는 사람들은 일찍 회사에 가는 샐러리맨들일 것이다. 하지만 남프랑스에는 회사원들이 많이 보이지는 않는다. 가끔씩 시간이 없이 바쁜 사람들은 의자에 앉지 않고 재빠르게 바에 서서 순식간에 먹고 자리를 뜬다. 그리고 여느 프랑스 사람처럼 느긋하게 카페를 들린 사람들은 아직도 신문을 읽기도 하고, 아침식사를 하면서 이야기를 나눈다. 나는 이제 사람들의 모습을 보고 있으면 나도 모르게 피식 아무 이유 없이 웃음이 나곤 한다.

Western Modern Art & France

서양 근대 미술 & 프랑스

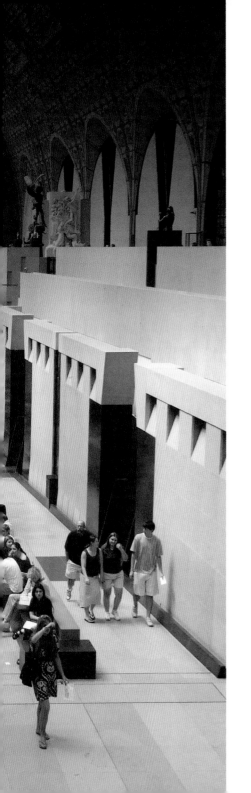

프랑스는 영국과의 백년 전쟁이후 영국은 프랑스 땅에서 물러나면서 왕권이 강화되면서 강대국이 되기를 바랬다. 프랑수아 1세부터 루이 13세와 14세를 거치면서 정복 전쟁과 함께 수집된 방대한 미술품이 토대가 되었다.

르네상스

르네상스는 '다시 태어나다'라는 뜻이며, 14~16세기 이탈리아 미술이 고대 그리스, 로마의 고전 미술을 부활시켰다는 의미에서 붙여진 이름이다. 당시의 미술가들은 인간과 사물을 있는 그대로 그림과 조각에 표현하고 싶어 했다. 이렇게 표현하는 데 가장 큰 공헌을 한 것은 원근법의 발견이었다.

원근법은 먼 곳의 물체는 작게, 가까이 있는 물체는 크게 그리는 방법이다. 르네상스 예술가들은 원근법을 받아들여 평평한 화면 위에 그려진 사물을 진짜처럼 보이게 했다. 이들은 엄격한 구도, 완벽한 비례, 명암법, 원근법과 같은 르네상스가 만들어 낸 기법을 총동원하여 미술사에 길이 남을 위대한 걸작들을 남겼다.

레오나르도 다빈치는 말년에 프랑수아 1세의 요청으로 프랑스로 건너왔고 그때 모나리자를 가져왔다. 프랑수아 1세는 레오나르도 다빈치를 극진히 모셨고, 1519년, 다빈치가 프랑수아 1세의 품안에서 죽음을 맞이할 정도로 두터운 사이였다. 사후에 다빈치의 제자들에게 모나리자를 구입하여 프랑스 루브르 박물관에 있게 된 것이다.

암굴의 성모

레오나르도 다빈치는 밀라노 공국의 형제회가 의뢰한 작품을 완성하지 못하고 이탈리아 남부로 여행을 했다. 급하게 그림을 완성하려고 했던 다빈치는 남부지역에서 본 기암괴석을 배경으로 삼고 아기 예수, 성 요한, 천사를 그려냈다. 현실성있게 대상을 그려냈다는 평가를 받은 이 그림은 런던의 내셔널 갤러리에 한 점 더 있다.

바로크 미술(17세기)

17세기에는 바로크 미술이 유행했다. 미술의 주제도 르네상스 시대에 주로 그려진 종교와 신화뿐만 아니라 생활 주변의 소재나 일상생활의 장면들로 다양해졌다. 프랑스와 스페인에서는 강력해진 왕권을 과시하기 위해 크고 웅장한 궁전을 짓고 화려하게 장식했다. 또한 왕실의 지원을 받은 궁정 화가를 두어 그림을 그리게 했다. 그래서 베르사유 궁전이 지어지고 루벤스, 벨라스케스, 반다이크 같은 궁정 화가들이 활발히 활동했다. 스페인은 고야가 궁정화가로 유명했다.

루이 14세의 초상화

베르사유가 만들어지면서 바로크 건축과 미술을 화려하게 유럽 미술의 중심으로 떠올랐다. 루이 14세는 휘장을 크고 붉은 벨렛에 대조시키고 금색의 대리석 바닥으로 부유하다고 표현했다. '리고 이야생트'는 루이 14세가 초상화를 매우 만족하여 프랑스 귀족들의 전속 초상화를 그리게 되었다.

렘브란트Rembrant는 17세기 유럽을 대표하는 화가로 자화상을 그려 유명하지만 1642년에 그린 야경으로 혹평을 당하면서 말년은 비참했다. 존재를 가장 확실하게 표현하기 위해 어두운 배경으로 인물에 초점을 맞추었다.

루벤스Rubens는 화려한 바로크 기법을 직접 이탈리아에서 배워 오면서 귀족들을 화려하게 그려내 인기를 얻었다. 렘브란트와 다르게 명성과 함께 부를 같이 누린 화가로 렘브란트와 대조된다.

로코코 미술(18세기)

프랑스 왕궁에서 시작되어 유럽으로 퍼져 나간 로코코 미술은 화려하고 사치스러운 생활을 한 귀족들을 위한 미술이었다. 로코코 미술은 밝고 섬세한 여성미가 강조된 미술이라 할 수 있다. 그래서 그림에 화려하고 밝은 색채를 즐겨 썼으며, 귀족의 연애나 파티, 오락 등을 주제로 한 그림을 많이 그렸다. 대표적인 로코코 화가로는 와토, 부셰, 샤르댕, 프라고나르 등이 있다.

프랑스 로코코 양식의 시작은 와토Watteau이다. 1719년에 와토가 그린 '질'은 너무 큰 옷을 흘러내리게 입은 모습이 상징적이다. 화려한 로코코와 다른 다소 우울하다는 평도 있다.

▼ 마담 퐁파두르 로코코 양식을 대표하는 그림으로 루이 15세의 정부로 알려진 퐁파두르 부인의 화려하다.

'로코코Rococo'라는 단어는 분수를 장식하는 조약돌이나 조개 약식이라는 뜻의 로카이유에서 유래되어 실내 장식에 화려하게 표현하기 위해 만들어진 양식이다. 곡선이 많이 사용되면서 우아한 느낌을 살리기 위해 섬세하게 다양한 문양을 사용했다. 그래서 유럽의 귀족들이 특히 사랑하는 양식이다.

신고전주의 미술(18세기 후반)

18세기 후반에 프랑스 혁명이 일어나자 귀족들의 로코코 양식 대신 혁명의 분위기에 맞는 신고전주의 미술이 유행했다.
이 시기에는 고대 그리스, 로마를 이상으로 삼았다. 따라서 신고전주의는 대상을 꼼꼼하게 관찰해 사물의 형태와 명암이 정확하게 드러나도록 했으며, 단순한 구도와 붓자국 없는 매끈한 화면이 특징이었다. 주로 서사적이고 영웅적인 이야기가 그려졌다. 대표적인 화가로는 다비드와 앵그르가 있다.

▼ 나폴레옹 황제의 대관식 궁정화가인 자크 루이 다비드는 나폴레옹이 직접 왕관을 쓰는 장면을 그렸다.

신고전주의는 나폴레옹의 등장과 함께 프랑스의 영웅으로 등극한 나폴레옹과 함께 화려한 로코코 양식에 반발하면서 시작되었다. 조화와 균현을 중시한 고전주의를 따르면서 혁명 후에 다시 나타난 나폴레옹은 프랑스 혁명이 유럽으로 퍼져나가는 데 중요한 역할을 하였고 신고전주의도 같이 퍼져 나갔다.

큐피드와 프시케
잠에 깊이 빠진 프시케는 죽음까지 이를 정도로 깊었는데, 이를 키스로 깨우는 큐피드를 묘사했다. 남녀간의 사랑을 우아하게 표현했다고 평가된다.

앵그르의 샘 &그랑 오달리스크
이상적으로 여인들의 몸매가 아름답다고 생각한 앵그르는 신고전주의 회화를 완성했다고 평가받는다. 균형과 비례를 중시해 여성을 그렸지만 섹시함과 우아한 여성의 몸매를 강조하면서 과장되게 표현하기도 했다.
특히 그랑 오달리스크에서 관능적인 여성을 표현하려고 비현실적인 여인을 표현하기 위해 옷을 벗고 비스듬히 누운 여인을 그린 그림이다. 이후 '오달리스크'라고 부르기 시작했다.

낭만주의 미술(19세기 전반)

신고전주의에 반발해 낭만주의 미술이 19세기에 시작되었다. 낭만주의 화가들은 이제 교회나 궁전을 위하여 그림을 그리지 않았고, 원하는 주제를 느낀 대로 자유롭게 그렸다. 주로 문학에서 영감을 얻었으며, 그림의 주제도 꿈, 신비, 밤, 먼 나라에 대한 동경, 자연에 대한 것이었다. 낭만주의를 대표하는 화가로는 들라크루아, 제리코, 터너, 고야 등이 있다.

1830년에 파리에서 일어난 7월 혁명을 그린 작품으로 들라크루아는 아카데미에서 배운 그림이 아닌 강렬한 색감과 굵은 붓 터치로 프랑스 시민이 개혁하는 장면을 묘사했다. 시민의 상을 표현하기 위해 여신의 가슴을 노출하고 가운데 여신을 놓아 여신이 중심에 서도록 했다.

메두사호의 뗏목
들라크루아와 같은 구도의 작품으로 제리코는 1816년 세네갈 바다에서 일어난 메두사호의 난파 사고를 그린 작품이다.

선장과 부선장, 일부 선원들은 150여명의 노예를 두고 자신들만 살기 위해 떠났고 남겨진 선원들과 노예들은 작은 뗏목에 의지해 살아남아야 했다.
뗏목에 버려진 시체들과 죽은 아들을 안고 슬퍼하는 노인의 모습들이 서사에 가깝게 묘사했다.

인상주의 미술(19세기 후반)

19세기 후반은 유럽인들에게 '더 이상의 기술적 발전은 없다.'라고 할 정도로 희망찬 시기였다. 자신감에 찼다는 결과물은 19세기 파리의 만국박람회였다. 제3공화국 시대인 1878년 3월 1일에 개막했으며, 두 달 후인 6월 30일은 프랑스의 국경일로 정부는 이 국경일에 민중들에게 공화주의를 지지하는 마음을 표출할 기회를 마련해 주었다. 이에 군중들은 이 날 그들의 애국심을 한껏 떠들썩하게 표현하였으며, 그로 인해 파리의 모든 거리들은 깃발들로 뒤덮였다.

희망찬 시기에 이전의 미술과는 완전히 다른 '인상주의'라는 새로운 미술이 등장했다. 인상주의 화가들은 그림 도구를 싸들고 밖으로 나가 야외에서 그림을 그렸다. 야외의 밝은 태양 아래에서는 사물이 항상 같은 모습과 색채로 보이지 않는다는 것을 중요하게 생각했다. 인상주의 화가로는 모네, 르누아르, 드가, 마네 등이 있다.

클로드 모네
(Claude Monet, 1840!1926) 수련

인상주의 화풍의 창시자로 알려진 클로드 모네^{Claude Monet}(1840−1926)는 1871년 아르장퇴유^{Argenteuil}에 처음으로 집을 구한 이후 1926년 지베르니^{Giverny}에서 사망하기까지 많은 시간을 꽃이 있는 정원에 쏟아 부었다. 1890년대에 경제적인 성공을 거둔 이후로 그는 1893년 지베르니에 이사를 하면서 정원을 조성하고 일본식 다리를 놓았다. 1899년 6월 다리의 풍경을 주제로 하는 연작을 시작하여 18개의 연작을 제작하였다.

물랭 드 라 갈레트의 춤

르누아르^{Auguste Renoir}는 1876년, 파리의 몽마르트르에 있는 물랭 드 라 갈레트는 19세기 말경 파리지앵들로부터 사랑받던 무도회장을 소재로 삼았다. 일요일 오후가 되면 젊은 파리의 연인들이 모여들어 햇빛을 받으며 춤과 수다를 즐기던 장소였기 때문이다.

르누아르는 분위기를 고스란히 화폭에 담아 보고자 작업을 위하여 근처의 아틀리에를 얻고 1년 반 가까이 매일 이곳을 드나들면서 수많은 스케치와 습작을 만들어 냈다. 그는 120호나 되는 대형 캔버스를 아틀리에에서 몽마르트르의 무도회장까지 매일 가지고 가서 현장의 정경을 직접 묘사하였다고 한다.

초여름의 햇빛이 나무 사이를 비추는 서민적인 야외 무도회장에서 무리를 이룬 젊은 남녀들이 춤과 놀이를 즐기는 모습이 생생하게 표현되어 있다. 그림에 등장한 인물들의 다양한 동작들은 우아하고 아름답게 표현되어 있다. 어두운 명암을 쓰지 않고도 햇빛과 그림자의 효과를 창조해 내는 르누아르의 기법이 두각을 나타내는 작품이다.

후기 인상주의 미술(19세기 말)

인상주의 안에서 개성을 더욱 발전시킨 후기 인상주의 미술이 나타났다. 세잔, 고흐, 고갱으로 대표되는 후기 인상주의 화가들은 빛과 색채로 자신들의 느낌과 감정을 다양하게 표현하려고 했다. 이들의 개성적인 그림은 21세기 미술에 큰 영향을 미쳤다.

세잔은 정물화의 아버지, 유화의 창시자라고 불리운다. 안정된 건축적인 구도, 견고한 형태, 청과 등색을 기초로 하는 명쾌한 색채 감각 등이 특징적이고 또 만년의 초상화에서는 깊은 인간통찰을 그렸다. 평생 동안 데생을 많이 하였고 후반에는 수채화를 즐겼고, 그 기법은 만년의 유화에도 나타난다. 큐비즘을 비롯한 현대의 모든 유파에 지대한 영향을 주었다.

쉰 살을 넘기면서 오랫동안 화가 생활을 해 왔음에도 불구하고 여전히 인정받지 못하고 있었던 세잔은 '카드놀이'라는 주제를 통해 새로운 도전을 하기 시작했다. 주변적인 요소나

극적인 묘사들을 배제하고 주제와 구성을 단순화시켰다. 적절한 장면을 연출하기 위하여 그는 액상프로방스 지방의 자 드 부팡 마을의 농부들을 화폭에 그려 넣었다.

평생 가난하게 살았지만 사후에 인정을 받은 빈센트 반 고흐Vincent van Gogh는 인상파의 밝은 그림과 일본의 판화에 접함으로써 렘브란트와 밀레 화풍의 어두운 느낌을 걷어내고 밝은 화풍으로 바뀌었으며, 정열적인 작품 활동을 하였다.

자화상이 급격히 많아진 것도 이 무렵부터였다. 파리라는 대도시의 생활에 싫증을 느껴 1888년 2월 보다 밝은 태양을 찾아서 프랑스 아를로 이주하였다. 아를로 이주한 뒤부터 죽을 때까지의 약 2년 반이야말로 빈센트 반 고흐 예술의 참다운 개화기였다.

베르사유 궁전

태양왕 루이14세의 절대권력을 상징하는 베르샤유 궁전은 아버지 루이 13세의 사냥터가 있던 곳에 궁전을 지었다. 파리의 권력다툼이 싫었던 루이14세는 사냥터인 성을 화려하게 개조해 2만명이 머무를 수 있는 유럽 최대의 궁정을 만들었다.

1676년 망사르가 궁전 건축에 참여하면서 2개의 거대한 건물을 남과 북에 추가로 짓고 루이르보가 테라스를 거울의 방으로 개조하기도 했다. 1710년에 왕실 예배당을 완성하고 1770년에 오페라 극장을 지어 마무리되었다. 루이16세와 마리 앙투아네트의 결혼식 때문에 새롭게 완공한 오페라 극장과 베르사유 조약으로 유명한 거울의 방을 꼭 자세히 보자.

베르사유 궁전 앞 전경

베르사유 궁전 정문 안의 전경

베르사유 궁전 제대로 보는 방법

여름에 늦게 베르사유 궁전에 도착하면 1시간 이상을 기다려야 들어갈 수 있기 때문에 9시 정도에는 궁전앞에 도착하여 기다리는 것이 기다리지 않고 가장 빨리 관람할 수 있다. 베르사유 궁전안에는 화장실이 없기 때문에 미리 화장실에 다녀오고 점심때가 되었다면 안에는 먹을 수 있는 장소가 없으니 간단한 요기거리를 미리 준비하는 것이 좋다.

보통 1~2시간사이로 관람하고 대정원을 보러간다. 대정원은 매우 커서 코리끼 열차로 둘러보는 것이 일반적이다. 여러명이 관람을 한다면 한명은 줄을 서서 기다리고 다른 인원은 티켓을 구입하여 기다리는 시간을 줄여야 빨리 입장할 수 있다.

왕실 예배당

루이 14세가 베르사유 궁전에 마지막으로 만들라고 지시한 왕실 예배당은 바로크 양식의 2층으로 이루어져 있다. 내부가 하얀 대리석으로 호화롭게 장식되어 있어 더 아름답다.

왕의 거처

2층으로 올라오면 헤라클레스의 방이 나온다. 이어서 북쪽 정원 쪽으로 풍요의 방, 비너스의 방, 다이애나의 방, 마르스의 방, 머큐리의 방, 아폴로의 방, 전쟁의 방 7개가 이어서 나온다.

현재의 모습은 1671년부터 10년 동안 샤를 르 브렝이 그리스 로마 신화에서 태양을 상징하는 아폴론을 중심으로 회전하는 태양을 태양왕 루이 14세를 상징하는 방으로 꾸며놓았다. 왕의 궁정 연회 시 식사, 놀이, 춤, 당구 등 각각 다른 용도로 사용하였다. 1684년부터 왕의 거처는 국왕의 행사에만 사용하고 있다.

헤라클레스의 방

루이 14세는 프랑소와즈 룸완느에게 헤라클레스가 신의 모습에 다가가는 모습으로 자신을 상징하는 모습이 이탈리아 회화적인 작품으로 그려지길 바라고 만든 방이다.

다이애나의 방

루이 14세의 동상과 8개의 흉상이 있는 방으로 베르니니가 만들었다. 벽화는 찰스 드 라 포세가 제물로 바쳐진 이피제니아를 그렸다. 천장은 블랑샤르가 항해와 사냥의 여신인 다이애나의 하루를 묘사해 놓았다.

군신의 방

다윗 왕이 하프를 켜는 모습과 루이 15세와 왕비인 마리 레진스카가 양쪽 벽에 그려져 있는데 군신인 마르스에게 바쳐진 방이다.

마큐리의 방

왕의 침실 중 하나로 사용하였으나 상업의 신 머큐리에게 바쳐진 방이다. 천장화는 샴파이그네의 작품으로 새벽별과 함께 수레에 오른 머큐리의 모습이 그려져 있고 찰스 드 라 포세가 태양 수레를 끄는 아폴로 신으로 그렸다. 벽화는 대관식 복장의 루이 15세를 그린 작품이다.

아폴로의 방

화려하고 장엄하게 장식된 방으로 절대 권력을 반영하여 라포세의 천장화와 리고의 루이 14세 그림이 있다.

전쟁의 방

1837년 루이 필립은 루브르의 회화 전시실을 기초로 만들었다. 루이 14세가 승리를 향해 말을 달리는 모습을 전쟁이라는 주제로 극적인 모습을 연출한 작품이다. 프랑스 군대의 승전을 축하하기 위해 496년 톨비악 전투부터 와그램 전투까지를 묘사한 33개의 작품이 전시되어 있다.

"나폴레옹 황제 대관식"이 가장 인기 있는 그림으로 루브르 박물관 회화 전시실에 있는 동일한 작품이 있어 비교해 보는 것도 좋다. 가끔 루브르박물관에 있는 작품과 베르사유 궁전에 있는 작품 중 어느 것이 가짜 작품인지를 이야기하는 관광객도 가끔 있기도 하다. 또한 1830년 부르봉 왕조의 후예 루이 필립이 권좌에 오르는 7월 혁명을 그린 "영광의 3일"도 유명하다. 82점의 왕족 출신으로 대원수 이상의 지위를 가진 군인 흉상과 프랑스를 위해 죽어간 영웅에게 경의를 표하는 16개의 청동 각관이 전시되어 있다.

거울의 방

수많은 거울로 70m를 장식해 놓은 방으로 국가의 주요 행사가 열린 방으로 베르사유 궁전 내에서 가장 유명한 방이다. 제1차 세계대전이 끝났다는 베르사유 조약도 이곳에서 체결되었다. 둥근 천장의 그림이 루이 14세가 아니라 어머니인 마리로부터 권력을 되찾아 1661년부터 니베르 평화조약이 체결된 1678년까지의 상황을 묘사하는 그림으로 이루어져 있다. 거울의 방은 왕이 예배당으로 향하거나 왕과 왕비의 거처를 연결하는 통로, 궁중 연회와 왕의 결혼식 등으로 사용하였다. 화려한 거울의 방을 보다가 창문으로 아름다운 대정원을 보면서 감상하면 좋다.

왕비의 거처

4개의 방으로 마리 앙투아네트가 마지막으로 사용한 방으로 유명하다. 왕비들은 공개적인 생활을 하고 대침실에서 많은 사람들이 지켜보는 상황에서 아이를 분만했다는 사실이 놀랍기도 하다. 이것은 왕손이 바뀌는 것을 막기 위해 많은 이들이 지켜보도록 했다고 한다. 하지만 나중에는 사생활을 간섭받아 빛이 잘 드는 정원 방향으로 소규모 방을 새로 만들었다.

오페라 극장

21개월에 걸쳐 루이 15세가 만들어 미래의 왕인 루이 16세에게 기증한 방이다. 천장화와 기둥 장식 등이 모두 화려하게 만들어졌고 공연이 이루어질 때는 3천 개 정도의 촛불을 켜서 공연을 했다고 한다.

파리에서 다녀올 당일 여행지

몽생미쉘(Mont Saint-Michel)

켈트족 신화에는 죽은 자의 영혼이 전달되는 바다 무덤이라는 뜻의 몽생미쉘^{Mont Saint-Michel}은 708년, 주교 오베르^{Aubert}에게 성 미셸^{Saint-Michel}이 나타나 산꼭대기에 성당을 지으라고 전했다는 이야기에서 기원한다. 966년 노르망디의 공작인 리차드 1세가 몽생미쉘^{Mont Saint-Michel}을 베네딕트 수도원에 넘겨주면서 베네딕트수교의 중심지가 되었으나 11세기에는 군대의 강력한 요새로 쓰이기도 했다.

15세기 초 100년 전쟁 동안 영국군은 몽생미쉘^{Mont Saint-Michel}을 3번이나 포위했지만 사원은 어떤 공격에도 끄떡없었고, 영국 통치하에 넘어가지 않은 북서 프랑스의 유일한 지역이기도 했다. 프랑스 혁명 이후는 감옥으로도 쓰였으나 1966년 베네딕트수도회에 환원되었다.

몽생미쉘^{Mont Saint-Michel}을 처음 방문하는 사람들은 그 분위기에 반하게 된다. 아래지역은 고대 성벽과 아직도 100여명 정도 살고 있는 혼잡한 건물들로 둘러져 있고, 꼭대기 부분은 거대한 사원지구가 장악하고 있다.

몽생미쉘Mont Saint-Michel은 조수간만의 차가 큰 것으로도 유명한데, 밀물과 썰물 때 해수면의 차이가 15m까지 생긴다. 썰물 때는 수 km까지 펼쳐진 모래 바닥을 볼 수 있지만 약 6시간 정도 지나 밀물 때가 되면 주변이 모두 물에 잠기므로 조심해야 한다. 아주 심할 때는 섬과 본토를 잇는 900m 도로가 모두 물에 잠기기도 한다고 한다.

언덕에서 가장 볼만한 몽생미쉘 사원Abbaye du Mont Saint-Michel은 계단으로 되어 있는 그랑데 루 Grande Rue 꼭대기에 있다.

Normandy

노르망디

Normandy
노르망디

70년이 지났지만 제2차 세계대전을 종식시키기 위해 당시 아이젠하워가 이끄는 연합군이 상륙작전을 감행한 역사적인 장소이다. 노르망디 해안은 수도인 파리에서 기차로 약 2시간이면 도착할 수 있다.

여름에는 휴양지들이 해변을 따라 늘어서 있는 것을 볼 수 있는 마을이다. 프랑스 북부 해안은 여름인 6~9월까지가 가장 여행하기가 좋다. 에트르타Étretat나 페캉Fécamp 중에 한 곳을 보고 몽생미셸로 이동해 1박을 하고 파리로 이동하는 것이 가장 일반적인 여행 루트이다.

간략한 역사적 의미

노르망디Normandy라는 지명은 10세기 초, 이곳에 바이킹의 한 종족인 노르만 족이 이주하여 노르망디 공국을 세운 데에서 유래한 이름이다. 후에 노르망디 공국은 영국으로 진출하고 프랑스와 영국의 영토 분쟁에 휘말리기도 했으나, 지금은 완전히 프랑스로 변했다. 현재 노르망디는 산림지대로 보호받고 있다.

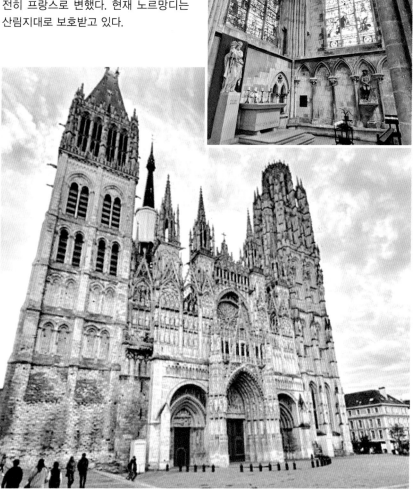

노르망디 개념잡기

노르망디의 수도인 루앙Rouen에는 성당 건물을 비롯해 중세 건축물들이 많이 남아 있고, 바이유Bayeux는 11세기부터 번창한 마을이지만 2차 세계대전, 노르망디 상륙작전에서 연합군이 상륙한 해변에서 가장 가까운 마을로 인기를 끌고 있다.

유타 해변Utah Beach 뒤쪽에 위치한 생—메르—에글리즈Ste-Mère-Église에 있는 교회의 스테인드글라스 유리창 중에 교회의 첨탑에 착륙한 낙하산병 존 스틸John Steele을 기념하고 있다. 영화 지상 최대의 작전The Longest Day은 이 사건을 기초로 만든 영화이다.

노르망디 상륙작전

평화로운 노르망디 해안을 거닐다보면 핏 비린내 나는 전투가 발발했다는 사실을 알기는 어렵다. 1944년 6월 6일에 히틀러의 제3제국이 세웠던 '대서양 방벽'의 무너진 콘크리트 벙커와 대포를 쏘는 설치물에서부터 많은 연합군 병사들의 묘에 이르기까지 '노르망디 상륙작전'의 흔적이 남아 있다.

미군 3개 사단, 영국군 2개 사단, 캐나다군 1개 사단의 연합군 대부분은 영국의 포츠머스Portsmouth에서 배로 항해하여 쉘부르Cherbourg와 르 아브르Le Haavre사이에 위치한 지금의 칼바도스 해안Côte du Calvados이라고 불리는 해변에 상륙했다.

연합군은 유타, 오마하, 골드, 주노, 스워드 등의 교두보에서 출발하여 노르망디를 지나 내륙으로 파리까지 진격할 계획이었다. 칼바도스 해안 중간 정도에 위치한 작은 마을 아로망셰Arromanches에서는 가장 격렬한 전투가 벌어졌다.

이곳에는 지금 노르망디 전투를 기념하는 박물관이 2곳에 있다. 아로망셰 박물관은 연합군이 교두보들로부터 돌파해 나오는 데 결정적인 역할을 한 2개의 멀베리 항구Mulberry Harbors 가운데 하나가 있던 자리 옆에 세워져 있다. 그러나 상륙작전 당일의 진정한 의미를 알기 위해서는 콜빌-쉬르-메르Colleville-sur-Mer에 위치한 미군 묘지를 방문해야 한다. 이곳에 잠들어 있는 병사들은 거의 모두 젊은 나이였고, 많은 수가 십대였다. 그들은 해방된 파리에서 샴페인을 들며 축배를 나누지 못한 채 어린 나이에 죽어갔다.

노르망디의 작은 마을들

루앙(Rouen)

노르망디 공국의 수도인 루앙Rouen은 1431년 잔다르크가 화형을 당하기도 한 곳으로 역사적인 도시이다. 19세의 나이로 프랑스를 구원했지만 마녀로 화형을 당한 곳에 지어진 잔 다르크 교회Eglisa St. Jeanne는 올드 타운 중앙에 박물관과 함께 있다.

그녀가 죽임을 당하고 25년이 지난 후에 교황청은 성인으로 추대하면서 광장 중앙에 십자가를 세우며 교회의 건설이 시작되었다고 알려져 있다. 파리의 생 라자르St. Lazar 역에서 기차를 타고 70분 정도면 도착할 수 있다.

노트르담 대성당 (Cathedrale Notre Dame)

역사적인 도시인만큼 노트르담 대성당Cathedrale Notre Dame이 도시 중앙에 하늘 높이 솟아있다. 12세기 중반에 로마 시대의 교회 터에 짓기 시작했지만 화재로 소실된 후 잊혀져갔다. 영국의 왕이었던 존의 기부로 다시 성당이 건설되어 지금의 형태를 이루었다.

노르망디 상륙작전으로 훼손이 심했지만 다시 복구한 상태이다. 성당은 서쪽의 파사드가 가장 아름답다. 그래서 모네도 루앙 성당을 30점 넘도록 연작으로 그리기도 했나보다.

바이유(Bayeux)

인구 약 15,000명의 작은 마을인 바이유Bayeux는 2가지 전장으로 유명하다. 1066년 노르망디 공국의 윌리암이 이곳을 거쳐 영국을 점령했고, 1944년 6월6일, 연합군의 노르망디 상륙작전 당시 가장 먼저 이곳으로 들어왔기에 나치 점령하의 프랑스에서 가장 먼저 해방된 도시이기도 하기 때문이다.

현재는 너무 관광지화가 되기는 했지만 그만큼 매력이 있는 곳으로 아직까지 관광객이 많이 찾고 있다. 세계적으로 유명한 '바이유 데피스트'는 거친 린넨으로 길이 70m나 되고 순모로 수놓아져 있다.

지베르니(Giverny)

지베르니^{Giverny}에 있는 모네가 살던 집과 정원은 미국 미술관이 개관하는 4~10월 사이에 가장 관광하기에 좋다. 봄과 초여름에 꽃이 가장 아름답다고 알려져 있다. 지베르니^{Giverny}에 있는 미국 미술관은 메리 카사트, 윈슬로우 호머, 제임스 맥닐 휘슬러 등 1750년부터 현재까지의 미국 화가들의 작품을 전시하고 있다.

옹플뢰르에서 르아브르를 경유하여 디에프 해안을 지나 파리까지 322km를 다니는 하루 투어가 진행 중이다. 하지만 프랑스 사람들은 3~5일 정도를 여행하는 것이 일반적이다. 지베르니를 제대로 감상하려면 카페이자 B&B인 르 봉 마레샬^{Le Bon Maréchal}에 찾아가도록 하자. 모네와 친구들이 모여서 이야기를 나누던 곳으로 방은 3개뿐이다.

혼자 여행하는 사람은 센 강 계곡을 따라 기차나 자동차로 이 루트를 다니는 것을 추천한다. 루앙이나 파리에서 지베르니^{Giverny}로 기차를 타고 가려면 베르농^{Vernon}에서 내려 갈아타야 한다. 노르망디의 센마리팀^{Seine-Maritime} 행정구에서는 해안을 따라 인상주의를 주제로 한 여행을 홍보하고 있다.

인상파 찾아가기

인상주의 화가들은 클로드 모네의 그림을 통해 '인상주의'라는 이름을 얻게 되었다. 그림의 제목은 인상, 해돋이Impression, Sunrise로 노르망디 해안의 르아브르Le Havre시의 안개 낀 풍경을 묘사한 것이었다. 모네는 르아브르Le Havre에서 화가, 외젠 부댕과 함께 야외에서 그림을 그리면서 빛과 대기를 화폭에 잡아내는 재능을 찾아낼 수 있었다. 바로 이 르아브르Le Havre에서 프랑스 인상주의 화가들의 자취를 찾아 떠나는 여행을 시작한다.

르아브르에서 출발하여 도빌Deauville 해안과 트루빌Trouville 해안, 옹플뢰르Honfleur 어촌을 둘러본다. 그 다음 이름처럼 하얀 석고 해안Alabaster Coast을 따라 동쪽으로 디에프Dieppe로 가서 에트르타Étretat와 페캉Fécamp의 절벽을 찾는다.

모두 모네의 동료인 피사로, 마네, 드가, 르누아르, 베르트 모리조 등의 인상주의 화가들을 매혹시킨 장소이다. 다음으로 이곳을 떠나 내륙의 루앙Rouen으로 이동한다. 루앙에서 모네는 성당 정면의 풍경을 담은 연작을 그렸다. 강을 따라 올라가면 센 강 동쪽에 지베르니Giverny가 있다. 지베르니는 모네가 인생의 후반기를 보낸 곳으로 모네의 수련 시리즈에 영감을 준 아름다운 정원을 방문할 수 있다.

파리에 도착하면 인상주의 화가들이 도시와 관련한 주제들을 좋아했음을 생각해볼 수 있다. 당시 파리는 현대화가 진행 중이었기 때문에, 르누아르의 퐁네프Pont Neuf나 드가의 콩코르드광장Place de lu Concorde 등 인상주의 화가들이 그렸던 파리는 지금과 거의 비슷한 모습이다.

Auvers-Sur-Oise

오베르 쉬르 우아즈

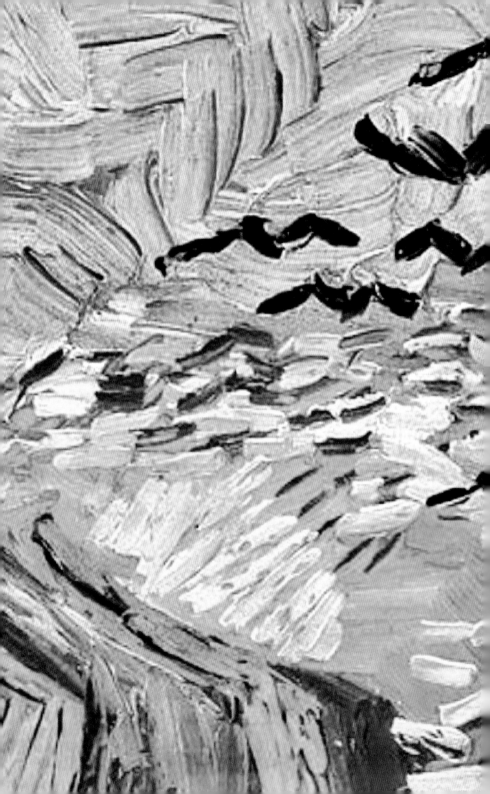

Auvers-Sur-Oise

오베르 쉬르 우아즈

의외로 파리와 같은 대도시에서 여행을 하다보면 많은 사람과 차량에서 나오는 소음으로 지치게 되기도 한다. 우아즈 강에 있는 오베르라는 뜻의 작은 마을은 대부분 빈센트 반 고흐 때문에 방문하는 마을이다. 오베르 쉬르 우아즈Auvers-Sur-Oise는 역장도 역무원도 없는 작은 마을이지만 여행자의 마음을 훔칠 수도 있을 것이다. 그만큼 오베르 쉬르 우아즈Auvers-Sur-Oise는 누구도 관심을 가질만한 마을은 아니다.

빈센트 반 고흐 느껴보기

고흐는 자신의 마지막 70일 정도를 머물면서 70점이 넘는 그림을 그렸다. 특히 가을이 깊어가는 어두운 날에 방문하면 우울한 고흐의 심정을 느껴볼 수도 있을 것이다. 그는 라부 여관에 지내면서 여관부터 교회, 시청, 까마귀가 날아다니는 밀밭을 그려냈다. 자신의 인생을 비관하고 나아지지 않았던 그의 삶은 이곳에서 아무리 그림을 그려도 좋아지지 않았다. 역설적이게도 그의 그림은 죽은 이후 동생 테오에 의해 알려지기 시작해 이제는 천재라는 평가를 받고 있다.

깨끗하고 조용한 마을은 역에도 사람이 없고 역을 지나가는 차량이 보일 뿐이지만 관광객들은 오베르의 교회를 보기 위해 찾아온다. 고흐가 그린 그림과 같은지, 어떤 느낌일지 100년이 지났지만 알고 싶은 여행자의 관심을 자아낸다.

가는 방법
파리의 북역 30~36번 플랫폼에서 출발하는 퐁투아즈^{Pontoise} 행 기차를 타고 1시간 정도 타고 내려서 다시 오베르 쉬르 우아즈^{Auvers-Sur-Oise} 행 기차를 11번 플랫폼에서 갈아타고 20분 정도 가면 도착한다.

오베르 쉬르 우아즈(Auvers-Sur-Oise) 투어

고흐는 고요하고 목가적인 이 마을을 좋아했던 것 같다. 교회와 시청, 정원, 밀밭의 짚더미도 그림을 그려 작품을 만들었다. 덕분에 지금은 오베르 쉬르 우아즈Auvers-Sur-Oise 마을 전체가 미술관이나 마찬가지이다.

역을 나와 오른쪽으로 돌아 걸어가면 작은 횡단보도가 있다. 조금 고개를 올리면 언덕길이 나오는 데, 누구나 그 길을 따라 올라가고 얼마 있으면 작은 오베르 교회를 볼 수 있다. 시골의 교회이기에 단촐한 교회이지만 정면에는 정원이 보이고 그 정원 안에 교회가 서 있다. 관광지에서 보이는 웅장한 교회가 아닌 소박한 교회는 교회의 경건함보다는 관광객의 소리로 관광지화 되는 것이 안타깝기는 하지만 고흐의 그림이 그려진 안내판이 보이고 누구나 사진을 찍으면서 각자의 느낌을 가진다. 다행히 너무 많지 않은 관광객이기에 각자의 오베르 교회에 대한 느낌은 나쁘지 않다.

고흐의 작품을 직접 보면 그리지 않고 끌고 긁으면서 두껍고 얇은 물감이 입체감을 느끼게 만들어서 생동감이 느껴진다. 화려한 색상으로 그려진 그림은 오르세 미술관에서 볼 수 있다. 사람들은 고흐의 천재성을 느낄 수 있다고 말하는 데, 마치 실제 오베르 교회에서도 그

느낌을 그대로 받으려고 노력한다. 고흐가 아니었다면 평범했을 교회가 새로운 생명을 부여받아 살아 숨 쉬는 듯, 눈으로 받아들여 온 몸에 느낌을 받으면 생동감이 넘칠 수 있다.

오베르 교회를 지나 작은 오솔길을 따라가면 고흐가 마지막으로 그린 '밀밭 위의 길가마귀 떼'의 장면이 있는 밀밭을 볼 수 있다. 마지막 그의 대표작 '까마귀가 있는 밀밭'은 자살 직전인 7월에 그린 그림이다. 어두워 낮게 보이는 하늘을 짙게 표현하고 아래에는 대조적인 황금빛 밀밭을 그리고 밀밭만 있다면 단조로웠을 밑부분에 까마귀 떼로 3부분으로 나누어져 있다. 마지막 작품은 고흐의 불안한 심리를 반영했을 것 같다.

그림의 상황과 같으려면 가을이 좋겠지만 여름도 나쁘지는 않다. 밀밭 길을 걸어가면 고흐가 그린 장소에 안내판이 있다. 고흐의 죽음을 알 수 있을 것 같은 코발트 색상의 하늘에 길가마귀 떼가 나는 밀밭을 볼 수 있다.

흐린 날에는 죽음을 앞둔 아픈 고흐의 심정을 느낄 수 있을 것 같다. 밀밭을 지나가면 마을의 공동묘지가 나오는 데, 묘지 안에 들어가면 고흐와 그의 동생 테오의 무덤, 작은 무덤 2개가 나온다. 초라한 무덤, 누구에게도 인정받지 못한 자신의 인생을 슬퍼했을지, 그런 세상에서 외로움에 지쳐 세상에 울분이 쌓여 있었을 수도 있겠지만 죽고 난 후에 고흐는 천재성을 인정받고 그림은 사람들에게 영감을 주고 있다.

오베르 시청사
La Mairie of Auvers

고흐가 죽기 마지막 1년, 그가 그린 작품 중에서 가장 밝은 분위기의 작품이다. 오베르 시청을 배경으로 그린 작품은 지금도 그대로 서 있다. 그는 라부 여관의 주인에게 선물로 주었고 주인은 그림을 전혀 모르는 인물이었다. 안타깝게도 고흐가 죽고 나서 다른 화가들이 그 그림을 팔라고 설득하는 와중에 그림을 헐값에 파는 실수를 저지른다.

가셰 박사의 초상화
Portrait du Dr Gacher

빈센트 반 고흐가 죽기 전 완성한 마지막 초상화이다. 정신과 의사였던 가셰 박사를 만나고 마음의 안정은 이루어졌는지 고흐는 마지막 7개월 정도 많은 작품을 남겼다.

가셰 박사는 그림을 그리도록 도와주었던 인물이지만 자신은 아내와 사별하고 우울증에 시달렸다고 알려진다. 손에 있는 식물은 디기탈리스라는 정신병에 사용된 약초라고 전해진다.

이 작품은 고흐가 죽고 그 이후 무려 13명의 소장자를 전전하며 여러 나라를 떠돌았다고 한다.

라부 여관(반 고흐의 집)
Auberge Ravoux

라부 여관과 고흐가 머문 방이 그대로 보존돼있다. 고흐가 2층에서 하숙을 하면서 많은 작품들을 남겼지만 자신의 상황을 비관해 권총 자살한 장소이다.

1층은 레스토랑으로, 고흐가 마지막 삶과 가셰 박사의 도움으로 안식을 얻고 죽음의 강을 건넜던 2층 방은 박물관으로 운영되고 있다. 박물관으로 사용되는 고흐의 방에는 고흐가 사용했던 철제 침대만

놓여 있다. 라부 여관 1층에 있는 식당에는 고흐, 세잔 등 많은 예술가들이 드나들던 때인 19세기 말의 분위기를 그대로 유지하고 있기도 하다. 생전 고흐가 자주 먹었다고 하는 음식이 메뉴로 있어 관광객이 식사를 하는 레스토랑이다.

아들린 라부의 초상화
Portrait du Adeline Ravoux

아들린 라부의 초상화는 빈센트 반 고흐의 1890년도 작품이다. 여관 주인의 딸, 아들린Adeline을 그린 그림은 3개이다. 푸른색 드레스를 입고 다소곳하게 앉아 있는 그림이다. 아들린Adeline은 13세였다고 알려져 있는데, 그림은 상당히 성숙한 여인의 그림으로 묘사되어 있다. 그래서 당사자 아들린Adeline은 좋아하지 않았다고 알려져 있다.

반 고흐 공원
Le Parc Van Gogh

라부 여관을 나와 왼쪽으로 돌아가면 자트킨이 제작한 고흐 동상이 서 있는 반 고흐 공원Le Parc Van Gogh이 있다. 공원의 정면에는 작은 빵집이 있어서 크루아상과 바게트를 먹으면서 이전의 느낌을 받을 수 있다.
오베르 쉬르 우아즈Auvers-Sur-Oise에 레스토랑이 별로 없기 때문에 관광객은 대부분 이곳에서 빵과 크루아상을 구입해 점심을 먹게 된다. 공원에서 식사나 간단하게 먹으면서 여유롭게 공원에서 즐기면 기분이 좋아질 것이다.

FRANCE

About 빈센트 반 고흐(Vincent van Gogh)

빈센트 반 고흐는 풍경화와 초상화를 그린 네덜란드의 후기 인상주의 화가이다. 아마도 전 세계에서 가장 유명한 화가 중 한 명일 것이다. '불멸의 예술가', '태양의 화가'로 불리는 그는 아트 딜러, 교사, 전도사 등의 직업을 거쳐 다소 늦은 나이인 28살부터 그림을 그리기 시작했다. 손이 부지런한 화가였던 그는 약 9년간 879점의 작품을 남겼다. 그러나 살아생전 판매된 그림은 '아를의 붉은 포도밭'이 유일했다.

세상이 몰라주는 화가였던 고흐는 가난했고, 불운했다. 죽어서야 명성을 떨친 데다 생애 말기 정신 질환으로 기행을 일삼는 등 파격적인 스토리까지 더해져 그의 일대기는 수차례 영화로 만들어졌다.

Bordeaux vs Bourgogne

보르도 vs 부르고뉴

Bordeaux

보르도

보르도Bordeaux는 신고전주의 양식의 건축물, 넓은 가로수길, 잘 가꿔진 광장과 공원으로 유명하다. 중요한 3개 대학이 있는 보르도는 6만 명으로 다양한 국적의 학생들이 모여 있다. 볼만한 박물관도 많으며 파리에서 스페인으로 가는 길에 쉽게 찾아갈 수 있는 관광도시로 성장했다.

언제 방문하는 것이 좋을까?

3~4월, 바르삭Barsac과 소테른에서 포도를 수확하는 10~11월이 가장 보르도 관광의 하이라이트 시즌이다. 샤토Château와 대부분의 역사 유적지는 부활절부터 11월 초까지 개방을 하고 있다.

방문하는 방법

보르도Bordeaux 와인 생산 지역은 57개 지역으로 분류되는데, 재배지의 기후와 토양에 따라 분류된다. 보르도Bordeaux의 5,000여 포도원에서는 고품질의 레드 와인이 생산되며, 작은 규모의 샤토Château들은 쉽게 찾아갈 수 있기도 하다.

11월 초 그라브의 와인저장고Graves Cais Ouvert는 주말에 방문이 가능하다. 포도를 수확하고 그 이후에는 1주일 정도를 머물면서 샤토Château를 둘러보며 시음을 하는 와인 관광객도 상당히 많다. 대부분 시음을 하고 나면 와인을 구입한다. 사전에 와인을 준비하고 직원이 설명을 하기 때문에 사전에 예약을 해야 하는 경우가 많으므로 미리 샤토의 웹사이트를 확인하면 편리하다.

보르도Bordeaux는 와인의 대표적인 산지로 와인을 맛보기 위해 방문하는 관광객이 한해 100만 명이 넘어간다. 그 만큼 보르도는 와인의 주 생산지로 프랑스를 넘어 전 세계의 와인을 대표하는 단어가 되었다. 레드와인부터 꽃향기가 감도는 화이트 와인, 달콤한 소테른 와인까지 맛볼 수 있다. 가을이 깊어가는 10월 말에는 지롱드Gironde를 지나면 회색 두루미들도 볼 수 있다.

▶ www.vins-graves.com
▶ www.otmontesquieu.com
▶ www.activegourmetholidays.com

샤토 라 브레드 성
Château La Brède

라 브레드 성은 18세기 프랑스의 철학자이자 작가, 와인 제조자였던 몽테스키외의 저택이었다.

몽테스키외는 계몽사상의 대표자 중 한 사람이다. 샤토 라 브레드 성^{Château La Brède}은 라 브레드시를 지나는 D108 도로에서 벗어난 곳에 있다.

그라브
Graves

와인 산지의 1등급 포도로, 현재는 페삭-레오낭^{Pessac-Léognun} 포도를 생산하는 완만한 자갈 덮인 산비탈을 볼 수 있다. 보르도에서 남쪽으로 가론느 골짜기를 따라 이어지는 그라브 지역은 오래전부터 레드 와인과 화이트 와인, 쇼비뇽 화이트 와인으로 유명세를 탔다.

보르도 외곽 지역인 페삭에 있는 샤토 오-브리옹^{Cháteau Haut-Brion}의 문들과 샤토 파페-클레망^{Cháteau Pape-Clément}의 뾰족하게 튀어 나온 지붕을 지나 달리다 보면 고급 와인의 집과 정원이 눈에 띈다.
길은 더 목가적인 풍경을 지나 포덴삭^{Podensac}의 샤토 드 샹트그리브^{Cháteau de Chantegrive}로 이어지는데, 우아한 향의 레드 와인과 꽃향기가 감도는 화이트 와인을 즐겨볼 수 있다. 그 다음 남쪽으로 방향을 돌려 프레냑^{Preignac}에 도착하면, 그라브와 소테른^{Sauternes}의 가장자리에 위치한 샤토 드 드 말^{Cháteau de Malles}에서 담백한 화이트

와인과 달콤한 소테른을 만날 수 있다. 17세기에 지어진 이 성의 이탈리아 스타일의 정원은 고급 와인을 맛보기에 이상적이다.

포도를 수확할 때가 되면 농부들은 보트리티스 시네레아^{Botrytis Cinerea}의 마지막 단계에서 손으로 포도를 직접 딴다. 보트리티스 시네네레아는 특정한 기후 조건에서 만드는 곰팡이다. 포도껍질에 이 곰팡이가 자라면 포도내의 수분을 증발시켜 당도를 높이고, 특별한 향을 만든다. 소테른 와인에 특유의 부드러운 단맛을 주는 것이 바로 이 곰팡이이다. 거기에 시롱 강^{Ciron River}을 따라 펼쳐지는 포도밭을 감싸는 가을 안개가 힘을 보탠다.

비교해 보자! 보르도 와인 VS 부르고뉴 와인

보르도 와인

보르도에는 약 57개의 와인 생산지가 있고 약 5천여개의 샤토^{Château}가 있다. 대서양 연안의 지롱드^{Gironde} 강 연안에 있는 보르도의 와인 산지는 온화한 해양성 기후가 강줄기에서 만나는 기후가 매년 달라짐에 따라 결정된다.

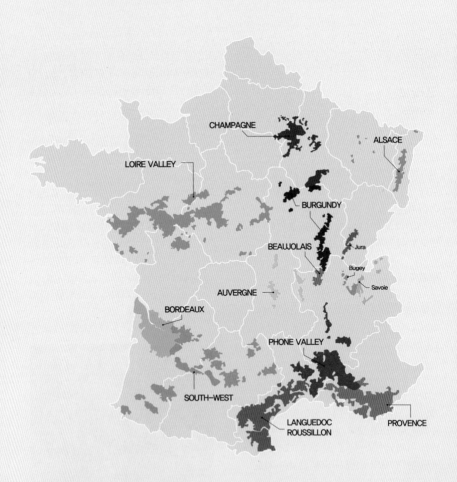

가장 많이 생산되는 품종은 보르도 우안에서 재배되는 매를로Merlot 품종이고 매독Mèdoc과 그라브Graves에서 생산되는 강렬한 느낌의 카베르네 소비뇽Cabernet Sauvignon 품종이 대표적이다.

부르고뉴 와인

부르고뉴 와인은 대부분 단일 품종 와인을 생산하는 데 포도밭의 구획별, 각각의 빈티지별로 특징이 부여된다. 부르고뉴 대표 와인 품종은 샤르도네Chardonnay와 피노 누아Pinot Noir이다. 독특한 꽃향, 과일향은 물론 향신료향을 연상시키는 풍성한 아로마를 가진다. 부르고뉴 와인은 품종, 아뻴라씨옹, 빈티지나 와인의 숙성도에 따라 맛이 미묘하게 달라진다.

피노 누아Pinot Noir 품종이 부르고뉴 지역에 전파된 시기는 로마시대 때 포도나무가 심어졌다고 한다. 피노 누아는 짙은 보라색을 띠는, 촘촘하고 작은 포도송이로 달콤한 과즙을 생산한다. 잎은 두껍고 진한 녹색이며 뒷면은 좀 더 밝은색을 띤다.

샤르도네Chardonnay 품종은 꼬뜨 드 본Côte de Beaune, 꼬뜨 샬로네즈Côte Chalonnaise, 마꼬네Mâconnais, 샤블리Chablis 지역의 화이트 와인이 주역이다. 샤르도네Chardonnay 품종은 피노 누아의 포도알 만큼이나 작지만 더 길고 포도알들이 조밀하게 달라 붙어있는 금색빛의 포도송이로 자라는데, 작은 포도송이들이 매우 맛있는 달콤한 맛을 선사하는 흰색즙을 생산한다.

Bourgogne
부르고뉴

세계적인 와인 재배지의 포도원 주변 곳곳에 고대 마을, 중세 저택, 수많은 로마네스크 성당이 자리하고 있다. 부르고뉴Bourgogne는 진한 붉은 색을 나타내는 '버건디' 색이 따로 생겨났을 정도로 레드 와인이 매우 유명하다.

수백 년의 역사를 간직한 샤토Château와 와이너리로 가득한 비옥한 지역의 산과 협곡을 여행해 보자. 부르고뉴Bourgogne의 레드 와인은 20~30년 정도 보관할 수 있지만 녹음이 우거진 전원, 중세 마을, 유서 깊은 교회와 성은 오래도록 기억에 남을 것이다.

부르고뉴Bourgogne는 파리에서 차로 2시간 이내에 도착할 수 있는데, 여름 관광객의 발길이 줄어드는 가을이 단풍에 물든 포도원을 볼 수 있어 추천한다. 본은 부르고뉴 와인 지역의 비공식 수도로 알려져 있다. 버건디 와인 박물관에서는 오래된 포도즙 틀과 같이 와인 생산 역사와 관련된 유물을 구경할 수 있다.

부르고뉴(Bourgogne) 와인의 특징

부르고뉴^{Bourgogne} 주도인 디종의 남쪽에 있는 가장 유명한 버건디 와인이다. 부르고뉴^{Bourgogne} 와인은 오랜 역사를 지니고 있으며, 수도승들이 교회에서 사용할 와인을 만들면서 시작되었다. 부르고뉴 와인은 부르고뉴 토양의 풍부한 석회질 덕분에 몇 잔만 마셔도 금방 느낄 수 있는 독특한 풍미가 있다.

레 오스피스 드 본
Les Hospices de Beaune

아름다운 중세 병원은 도시의 주요 명소로, 지붕의 화사한 모자이크 패턴이 햇빛에 반사되어 눈부시게 빛난다.

베즐레 수도원
Vézelay Abbey

디종 서쪽에 있는 베즐레 수도원은 유네스코 세계 문화유산으로 지정된 거대한 로마네스크 성당이다. 수도원에서 조금만 가면 좀 더 세속적인 배조슈 성^{Chateau de Bazoches}이 나오며, 이곳에서 깊은 인상을 받을 수 있다. 12세기에 건축된 이 성을 돌아보기에 가장 좋은 시기는 3~11월 사이이다.

부르고뉴 대부분의 지역은 평야나 완만한 언덕으로 이루어져 있지만 모흐방^{Morvan} 지역 한 가운데에는 산악 지역이 펼쳐져 있다. 산 정상 주변의 등산로를 따라 걸어본 후 레지스탕스 박물관에는 제2차 세계대전 당시 독일 점령에 반대하는 저항 운동에 대해 알 수 있다.

Lyon

리옹

Lyon
리옹

부르고뉴 남쪽, 론Rhone 강 지역 중심지에 있는 인구 42만 명의 도시 리옹Lyon은 외곽지역까지 합해 2백만 명의 인구가 살고 있는, 파리 다음으로 큰 광역도시이다. 2천 년 전 로마인에 의해 세워져 지난 500년간 상공업과 금융의 중심지 역할을 해 왔다. 오늘날 멋진 박물관들과 활동적인 문화생활, 중요한 대학, 활기찬 쇼핑몰 등이 매력적이며, 최고의 요리를 먹을 수 있어 미식가들에게 손꼽히는 곳이다.

리옹은 어떤 도시인가?

기원전 43년 로마인들이 푸비에르 언덕에 건설한 이후로 도시는 2개의 언덕과 2개의 강이 제공하는 이점을 바탕으로 서쪽에서 동쪽으로 확장되었다. 1998년 유네스코 세계 문화유산 목록에 포함된 리옹의 4개 역사 지구가 있어 다양한 도시 여행이 가능하다. 중심가는 론Rhone 강과 사오네Saone 강이 마주하는 곳에 생긴 길고 좁은 지역이다.

구시가지
Old Town

포비에레^{Fourviere} 언덕 아래 자리 잡고 있는 구시가에는 좁은 길에 300여 채가 넘는 중세와 르네상스 주택들이 들어서 있다. 이 지역은 도시 재개발이 이루어진 후에 옛 유적에 둘러싸인 살기 좋은 지역으로 변화하였다. 흥미로운 옛 건물들은 성당 근처를 따라 늘어서 있는 데, 그 중에서 가장 눈에 띄는 로마네스크 성당은 고딕 형태이다. 생 진^{Place Saint Jean} 주변에 분위기 있는 카페들과 어우러져 있고, 북쪽의 보행자거리에는 14세기의 천문학 시계도 있다.

미식의 도시, 리옹(Lyon)

프랑스에서 3번째로 큰 도시인 리옹Lyon은 중부 지방의 특성상 남부와 북부를 이어주는 중간 위치에 있어 중세시대부터 많은 여행객과 상인들이 거쳐 가는 대표적인 경유 도시이었다. 지중해를 이어주는 지리적 위치와 운하 덕분에 신선한 식재료가 넘쳐나서 좋은 품질과 뛰어난 신선도를 자랑하는 푸짐한 음식과 가정 요리들이 발달하기 시작했다.

지금도 식료품들로 가득한 재래시장은 리옹의 빼놓을 수 없는 관광 명소이다. 18세기에 부르주아들을 위해 일반 가정집에서 요리를 해주던 여성들이 '부숑Bouchon'이라고 불리는 가정식 레스토랑을 차려 운영했다. 이들은 '요리사'라고 불리지 않고 '어머니mère'라고 불릴 정도로 음식의 깊은 맛을 가지면서 리옹을 미식의 도시로 알리게 되었다. 오늘날까지도 리옹의 '부숑'은 매우 유명하여 리옹을 방문하는 관광객들이 꼭 찾는 대표적인 관광요소로 자리 잡았다.

리옹이 세계적인 미식의 도시로 알려지게 된 것은 유명 요리사들을 배출해 냈기 때문이다. 그 중에서 '프랑스 요리의 아버지'라고도 불리는 리옹 출신 요리사, 폴 보퀴즈Paul Bocuse의 세계적인 명성은 리옹을 빛내고, 그의 이름을 딴 요리 학교들이 생겨났다.

Strasbourg

스트라스부르

Strasbourg
스트라스부르

라인 강 서쪽 2㎞ 떨어진 국제도시 스트라스부르^{Strasbourg}는 알자스 최대 도시로 교육과 문화의 중심도시이다. 활기찬 구시가지의 식당과 펍^{Pub} 위에는 우뚝 솟아있는 성당이 항상 보인다. 스트라스부르 상징인 성당은 독특한 건축 양식으로 알자스 특유의 분위기를 자아낸다. 기름진 거위의 간 요리인 푸아그라와 소금에 절인 양배추인 슈크루트^{Choucroute}에 소세지와 돼지고기, 햄을 곁들인 것이 대표적인 알자스 요리이다.

경계의 매력

북프랑스에서 가장 동쪽 지역인 알자
스^{Alsace}는 보스게스^{Vosges} 산맥과 라인
강 사이에 위치하여 독일과 프랑스 경
계를 이루고 있는 매혹적이고 아름다
운 지역이다. 강 양쪽을 사이에 두고
독특한 언어, 건축, 요리 등의 지역 특
유의 분위기를 가지고 있다. 알자스 어
는 독일의 방언으로 이 지역에 접한 독
일과 스위스의 영향을 많이 받았다.

프랑스와 독일의 국경지대에 위치한 스트라스부르는 수차례의 영토전쟁과 다사다난한 역
사 탓인지 두 나라의 문화가 골고루 섞여 도시의 풍경, 언어, 전통 음식 등 다양한 방면에
녹아들어있다. 스트라스부르의 대표적인 관광코스로는 높이가 142m에 달하는 대성당과
큰 섬에 위치한 구시가지 '쁘띠 프랑스^{Petite France}'가 있다.

유럽 정치의 중심지

프랑스 북동부 알자스 지역에 위치한 스트라스부르(Strasbourg)는 유럽 평의회(Conseil de l'Europe)
본부와 유럽 인권재판소(Cour Européenne des Droits de l'Homme), 유럽연합 의회(Parlement
européen)가 자리한 유럽 정치의 중심지이다.

간략한 역사

북프랑스에서 가장 큰 도시인 스트라스부르Strasbourg는 1681년까지 독립을 고수하기는 했지만 대부분의 지역은 1648년 프랑스에 속하게 되었다.

20년 정도 프랑스의 통치하에서도 라인 강 서안과 알자스에 대해 독일도 항상 관심을 가졌기 때문에 1871년 보불 전쟁부터 1차 세계대전과 1940~1944년까지 2번이나 합병되기도 했었다.

크리스마스의 도시(Ville de Noël)

스트라스부르는 '크리스마스의 도시Ville de Noël'라고 불리는데, 그 이유는 14세기 알자스 지방에서 크리스마스 전 8일간 종교 행사를 진행하며 거대한 크리스마스 마켓marché de Noël이 열리면서 유럽에 크리스마스와 관련된 도시로 알려졌기 때문이다.

오늘날까지도 스트라스부르의 크리스마스 마켓은 프랑스에서 가장 크고 멋진 것으로 알려져 있다. 스트라스부르의 크리스마스 마켓은 30m에 달하는 거대한 크리스마스 트리와 도시 전체에 생겨나는 최고 규모의 장터, 도시의 밤을 수놓는 화려한 거리 장식을 자랑한다.

프티 프랑스
Petite France

일ᄈ 강에 둘러싸인 큰 섬^{Grand Ile}의 구시가지 프띠 프랑스^{Petite France}의 아기자기한 독일식 목조건물들과 베니스를 연상케 하는 낭만적인 운하는 동화 속에 나올 법한 아름다운 풍경으로 작은 프랑스라고 불리고 있다. 프띠 프랑스^{Petite France}는 16세기 무렵 이탈리아와 원정 이후 매독을 앓던

프랑스 군인들을 위해 지어진 요양병원 주변으로 형성된 작은 마을이다.

콜럼버스 원정대가 유럽으로 귀환한 후 스페인과 이탈리아의 전쟁 도중 나폴리에 전염되었고, 이후 나폴리를 점령한 프랑스군에 의해 유럽 전체에 확산된 것으로 추정되었다. 그래서 매독은 '나폴리병' 또는 '프랑스인 병'이라고 불리기도 하였는데, 매독에 걸린 군인들이 밀집되어 있던 프띠 프랑스^{Petite France}의 이름은 병의 이름에서 유래된 것이라고 한다.

클레베르 광장
Place Kléber

기차역인 중심가인 그랑데 일레^{Grande Ile}서쪽에서 400m 정도 떨어져 있으며, 시내는 일레 강을 사이로 남쪽과 북쪽으로 나누어져 있다. 중심 광장은 성당 북서쪽으로 400m 정도 떨어진 클레베르 광장 Place Kléber이다.

스트라스부르 노트르담 대성당
Cathédrale Notre-Dame de Strasbourg

빅토르 위고Victor Hugo는 '거대하고 섬세한 경이로움'이라고 했고, 괴테는 '고상함은 아름다움과 연결되어 있다'고 했다. 어느 각도나 시간에 상관없이 거대하고 복잡한 붉은 사암 성당에 매료될 것이다. 노트르담 대성당을 여유롭게 둘러보려면 인파가 줄어드는 이른 저녁에 방문하고 해질녘에 외관이 금빛으로 빛나는 장면을 보는 것이 가장 아름다운 장면을 볼 수 있다. 스트라스부르Strasbourg의 고딕 성당은 1176년 착공되었으며, 서쪽 정면은 1284년에 완공되었다. 1439년에 고딕 양식으로 완성된 성당은 웅장함으로 무장한 것처럼 보였지만 첨탑은 완공되지 못했다. 복구와 성당을 재건하기 위한 투쟁의 시간 뒤로 신교 통치하에 넘어가 1681년까지 성당의 역할을 할 수 없었다.

정면 위로 솟아오른 나선형 계단은 66m 높이의 전망대까지 올라가는데, 첨탑에서 보면 76m이고 계단은 330개이다. 레이스로 장식된 파사드가 시선을 조금씩

들어 올려 공중 부벽, 비스듬한 가고일, 142m 높이의 첨탑을 볼 수 있다.

내부는 매일 19시까지 개방되며, 성당을 장식하는 많은 상들은 복사물로, 원본은 노틀담 박물관에 있다. 서쪽 포털의 보석 같은 장미창을 포함하여 12세기에서 14세기 스테인드글라스 창으로 정교하게 빛을 발하고 있다.

절반은 고딕, 절반은 르네상스 석으로 고안된 16세기 천문시계는 매일 오후 12시 30분에 정확하게 울린다. 천문 시계는 삶의 다양한 단계와 사도들과 함께하는 예수를 묘사하는 인물들의 퍼레이드를 하는 시계의 모습을 볼 수 있다.

스트라스부르는 플랑드르의 어느 도시 못지않게 그림 같은 탑과 교회로 가로막힌 타일로 된 삼각형 지붕 꼭대기와 박공 창문이 있는 오래된 노트르담 대성당에서 보는 스트라스부르의 모습은 장관이다. 빅토르 위고Victor Hugo는 "종탑에서 바라보는 전망은 말로 표현할 수 없을 정도이다."라고 말했다고 한다.

홈페이지_ www.cathédrale-strasbourg.fr
주소_ Place de la Cathédrale,67000
요금_ 천문 시계 : 성인 €3 / €2(어린이)
　　　지붕 성인 : €5 / €3(어린이)
시간_ 성당 9시 30분~11시 15분 / 14~17시 45분
　　　지붕 9~19시 15분
　　　천문시계 인형 행진 12~12시 45분

중점 포인트!

파리 노트르담 대성당 다음으로 프랑스에서 관광객들이 가장 많이 찾는다는 스트라스부르 노트르담 대성당(Cathédrale Notre-Dame de Strasbourg)은 파리의 노트르담 대성당과 비교해서 볼 필요가 있다.

프랑스의 파리는 예부터 프랑스의 중심이기 때문에 다른 도시들이 파리와 비교되는 건축물이 지어지는 것을 경계했다. 그런데도 높이 142미터의 웅장한 규모와 입구를 장식하는 크고 작은 조각상을 자랑한다. 프랑스의 유명 시인, 소설가 빅토르 위고(Victor Hugo)는 스트라스부르 대성당을 두고 '거대함과 섬세함의 결정체'라고 말했다고 한다.

대표적인 음식

알자스의 대표적인 도시 스트라스부르에서는 독일과 프랑스의 맛을 모두 느낄 수 있는 지역 특유의 전통음식과 품질 좋은 와인을 맛 볼 수 있다.

알자스의 유명한 음식으로는 햄, 고기요리와 함께 먹는 양배추 발효절임 요리인 슈크르트choucroute, 훈제 돼지고기, 크림, 양파 등을 넣고 구운 타르트 플랑베tarte flambée와 플라멘퀴슈flammenküche, 꿀과 향신료를 넣어 구운 빵, 팡 데피스pain d'épices, 강한 맛의 밍스테르Münster 치즈 등이 있다.

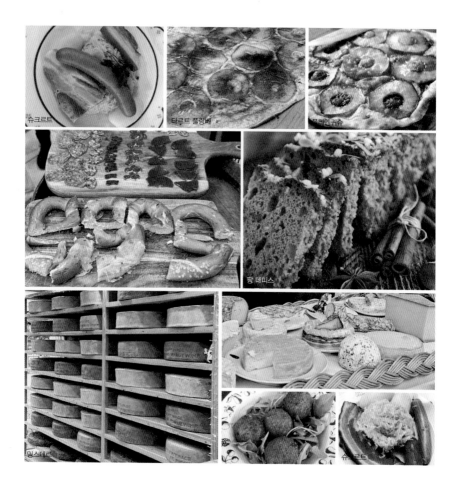

188

Annecy

안시

Annecy
안시

인구 5만 명의 안시는 해발 448m에 자리하고 있다. 알프스 계곡의 산자락 아래에 있는 이 작은 도시는 휴가철을 맞아 찾아온 관광객에게 편안함과 안락함을 제공한다. 박물관이나 다른 볼거리가 많지는 않지만 수상 스포츠와 자전거나 하이킹을 많이 즐기고 겨울에는 스키장으로 유명한 도시이다.

천천히 호숫가에 앉아 백조들에게 비스킷을 던져주던지 제라늄으로 메워진 구시가지의 운하 주변을 따라 걸으며 한적한 시간을 보내면 어느새 지친 심신이 모두 풀릴 것이다.

한눈에 안시 파악하기

기차역과 버스터미널은 구시가 북서쪽 500m 거리에 있으며, 신시가지는 중앙 우체국과 복합 건물로 이어져 있다. 호수마을인 안시 레 비에우^{Annecy Le Vieux}는 안시 동쪽에 있다.

13~16세기에 지어진 안시 고성은 올드 타운에 있으며 현재 지역 박물관으로 사용된다. 이 고성에서 내려다본 구시가와 호수 주변의 전경은 황홀할 정도로 눈부시다. 박물관에는 이 지역의 역사와 자연 문화에 대한 자료와 기록이 상세히 전시되고 각종 예술품도 소개해 사부아^{Savoie} 지방의 문화와 역사를 이용하는 데 큰 도움이 된다. 도시 중심부에 자리한 올드 타운은 13세기 이후 변하지 않은 중세 무대를 그대로 간직하고 있다.

안시의 매력

사실 프랑스의 다른 도시에서 안시처럼 호수를 끼고 아름다운 운하가 흐르는 올드 타운을 찾기는 쉽지 않다. 믿을 수 없을 만큼 푸른 호수인 안시 호수Lac d' Annecy는 북쪽에 위치해 있다. 편안하게 휴가를 보낼 수 있는 곳으로 제라늄이 핀 구시가 운하를 따라 여유롭게 산책을 할 수 있다. 안시의 구시가 모양은 노천카페와 레스토랑이 줄지어 선 띠우 운하Canel du Thiou를 따라 형성되어 있다. 고전주의의 부활을 선포라도 하듯 안시의 구시가는 공간과 공간 건물과 건물이 고리 같은 중세의 복잡한 연결 구조로 이루어져 있다.

알프스의 베니스(Venise des Alpes)

스위스와 국경을 마주하고 이탈리아 북부에서 멀지 않은 프랑스 남동부 론알프Rhône-Alpes 지방에 위치한 안시Annecy는 도시를 둘러싼 웅장한 알프스 산맥 아래 프랑스에서 2번째로 큰 규모의 투명한 에메랄드 빛 호수를 자랑하는 아름다운 호반도시이다.

오랜 역사와 문화를 지닌 안시는 중세시대의 아기자기한 건물들이 보존되어있는 구시가지Vieille ville를 비롯해 스위스의 여름 휴양지가 생각나는 호수 주변 자연 경관, 도시 전체에 유유히 흐르는 티우Thiou와 바세Vassé 운하 등 프랑스적이면서도 이국적인 풍경을 선사해 '알프스의 베니스Venise des Alpes'라고 불리기도 한다.

더운 여름에는 호수에서 수상 레포츠를, 추운 계절에는 알프스 산맥에서 스키를 즐기기 위해, 안시에는 1년 내내 관광객의 발길이 끊이지 않는다. 알프스의 스키 리조트에서 즐기는 스위스식 치즈, 퐁듀의 맛도 일품이다. 6월에는 세계적인 명성을 자랑하는 국제 애니메이션 페스티벌이 열리는데 1960년 처음으로 개최된 안시 애니메이션 페스티벌에는 매년 5만 명 이상의 방문객이 몰린다.

안시 둘러보기

산책을 하면서 호수와 꽃, 잔디, 고색창연한 건물을 보며 전원의 정취를 흠뻑 느껴보는 것이 안시Annecy에서 꼭 해야 할 일이다. 레스토랑이 줄지어 있는 운하의 양쪽에는 좁은 길이 구시가로 이어져 있고 현대적인 건물도 있지만 17세기 건물도 많이 볼 수 있다.

안시 중앙의 섬은 이전에는 감옥으로 사용되고 있었던 곳으로 현재는 역사박물관으로 사용되고 있다. 안시 박물관Musee d'Annecy은 안시를 굽어보고 있는 언덕지대에 16세기 안시 성Chateau d'Annecy 안에 있다. 현대적인 전시물과 지역 색이 강한 작품들이 전시되어 작품을 감상하는 관광객이 많지 않지만 안시의 전망을 보기 위해서 관광객이 찾는다.

그 아래에는 백조와 오리들이 유영하는 맑은 운하가 흐르며 로맨틱한 풍광을 자아낸다. 안시는 스위스 제네바Geneva에서 가깝다. 또한 몽블랑Mont Blanc을 프랑스의 대표적인 스키 리조트 타운인 샤모니Chamonix에서도 쉽게 방문할 수 있다.

Chamonix
-Mont-Blanc

샤모니 – 몽블랑

Chamonix-Mont-Blanc

샤모니 – 몽블랑

기름진 골짜기에 하늘을 찌를 듯 솟아있는 눈 덮인 봉우리가 있는 프랑스 알프스 지역은 세계에서 가장 멋진 산악 풍경 중 하나이다. 여름에는 하이킹을 할 수 있으며, 다양한 레포츠를 즐길 수 있다. 겨울에는 스키 휴양지들로 전 세계의 스키인들이 몰려온다.

샤모니(Chamonix)? 몽블랑(Mont-Blanc)?

프랑스 남동부 알프스 산맥 서쪽에 자리한 사부아^{Savoie} 지방의 대표적인 도시, 샤모니-몽블랑^{Chamonix-Mont-Blanc}은 이름 그대로 유럽 최고의 높이를 자랑하는 몽블랑^{Mont-Blanc}을 오르기 위해 반드시 거쳐 가야 할 도시이다.

프랑스, 스위스 이탈리아까지 이어진 알프스 산맥과 주변 지역은 오래 전 산악고지대의 험난한 기후 때문에 아무도 찾지 않는 곳이었으나 이후 오랜 세월 동안 사부아 지역을 둘러싼 주변 국가들의 영토 싸움이 이어지며 주인이 빈번히 바뀌었다. 1860년 이탈리아의 사르데냐-피에몬테^{Sardegna Piemonte} 왕국이 사부아 지역을 나폴레옹 3세에게 할양함으로써 프랑스의 영토가 되었다.

치즈 퐁뒤(fondue savoyarde)

알프스 산악지대, 사부아 지방의 가장 유명한 전통 음식으로는 치즈 퐁뒤(fondue savoyarde)를 꼽을 수 있다. 다양한 치즈를 불에 녹여 빵, 감자와 소시지 등을 긴 꼬챙이에 꽂아 녹은 치즈에 찍어 먹는 요리로, 스위스 음식이기도 하지만 추운 날씨에 즐겨먹는 겨울철 프랑스의 대표요리이기도 하다.

가는 방법

샤모니^{Chamonix}에서 케이블카를 타고 미디 봉^{Aiguille du Midi}로 올라가면 몽블랑의 빙하가 있는 빙원과 그 뒤로 마테호른의 웅장한 모습을 볼 수 있다. 기차를 타고 몽탕베르^{Montenvers}로 올라가면 유럽에서 가장 긴 빙하인 얼음의 바다를 불리는 '메르 드 글라스^{Mer de Glace}'를 볼 수 있다.

샤모니
Chamonix

프랑스 알프스에서 가장 멋진 풍경으로 둘러싸인 샤모니^{Chamonix}는 알프스 북쪽 산자락에 있는 마을로 장대함에 있어서 알프스에서 손에 꼽힌다. 알프스에서 가장 높은 4,807m의 몽블랑^{Mont Blanc}은 얼음에 뒤덮인 뾰족 솟은 봉우리들 사이의 계곡들로 빙하들이 사방에 둘러싸여 있다.

샤모니^{Chamonix}는 프랑스에서 처음 스키장이 생겨난 도시 중 하나로, 1900년대에 들어서며 큰 인기를 끌고 철도와 케이블카 등 다양한 시설을 갖추게 되었다. 1920년에는 샤모니-몽블랑^{Chamonix-Mont-Blanc}으로 지역 명칭이 바뀌었는데, 이는 이웃국가인 스위스의 스키장들이 몽블랑의 명성을 이용해 이득을 취하지 못하게 하려 했기 때문이라고 한다.

이후 겨울 스포츠의 중심도시로 급부상한 샤모니-몽블랑에서는 1924년, 최초의 동계올림픽이 열리기도 하였다. 오늘날 샤모니-몽블랑에서는 겨울 뿐만 아니라 여름에도 등산, 하이킹 등 다양한 활동을 즐길 수 있어 1년 내내 수많은 관광객이 몰린다.

몽블랑
Mont Blanc

샤모니–몽블랑에서 빼놓을 수 없는 것은 뛰어난 자연경관이다. 알프스 산맥의 봉우리마다 전망대가 설치되어 있어 경치를 감상할 수 있다. 몽블랑Mont Blanc 산 주변은 3개의 나라와 6개의 고개가 있다. 알프스 서남부에 위치한 몽블랑Mont Blanc 은 서유럽에서 가장 높은 봉우리인 4,808m로 몽블랑 산을 둘러싼 7개의 골짜기들이 이어진 하이킹 루트가 있다. 오래전부터 있었던 하이킹 루트는 프랑스에서 스위스, 이탈리아의 세 나라를 따라 이어져 각자의 언어와 문화를 가지고 발전해왔다.

가장 유명한 봉우리는 에귀드미디Aiguille du Midi로, 몽블랑을 가장 가까이서 감상할 수 있는 곳이기도 하다. 또 다른 봉우리인 르브레방Le Brévent에서는 몽블랑의 가장 멋진 자태를 볼 수 있다고 한다. 만년설로 덮인 산봉우리 외에도 눈이 녹아내린 뒤 얼어붙으며 생겨난 얼음바다 '메르드글라스Mer de glace'의 빙하들과 얼음으로 된 동굴 등을 감상할 수 있다.

샤모니Chamonix에서 시계방향으로 가다가 6개의 고개 중에서 첫 번째 봉우리인 발므 고개Col de Balme를 지나 스위스로 이어진다. 그 다음으로 호숫가 마을인 샹페Champex로 향한다. 2,580m 높이의 그랑 콜 페레Grand Col Ferret를 넘어가면 이탈리아의 아름다운 아오스타 언덕Valle d'Aosta에 들어간다. 다음으로 다시 프랑스로 이어진 세뉴 고개Col de Seigne를 넘는다.

고대에 가축들이 짐을 나르며 지나던 루

트를 따라 가기 때문에 하이킹 루트가 형성되어 있다. 침엽수림과 진달래, 자줏빛 이질풀, 짙은 청색의 용담 등이 흩뿌려져 있는 알프스 산지의 초원은 눈을 뗄 수 없게 만든다.

위로 솟은 뾰족한 바위들과 깊고 예리한 크레바스가 있는 빙하까지 서쪽 알프스의 큰 봉우리는 감동하게 만든다. 깊게 이어진 도로를 따라가면 들려오는 소리는 바람소리와 가끔 폭포에서 떨어지는 물소리뿐이다.

BILLETTERIE PIÉTONS	어른	소인	가족
에귀뒤미디(AIGUILLE DU MIDI) – 라 발레 블랑슈(VALLÉE BLANCHE) 3777M			
A/R Chamonix → top 3777m	63,00€	53,60€	195,40€
Aller simple Chamonix → top 3777m	50,00€	42,50€	–
A/R Chamonix → Plan de l'Aiguille 2317m	18,50€	15,70€	–
Aller simple Chamonix → Plan de l'Aiguille 2317m	16,50€	14,00€	–

에귀 디 미디
Aiguille du Midi

3,842m의 미디 봉^{Aiguille du Midi}은 몽블랑 정상에서 8㎞ 떨어진 한적한 바위산이다.

샤모니에서 미디 봉^{Aiguille du Midi}으로 가는 케이블카는 세계에서 가장 높고 아찔한 구간으로 마지막 구간에는 미디봉까지 거의 수직으로 내려간다. 이곳에서 내려다보는 빙하와 눈 덮인 평원, 바위가 많은 산들은 평생 잊지 못할 절경이다.

르 브레방
Le Brevent

계곡의 서쪽에서 가장 높은 봉우리인 2,525m인 몽블랑의 빼어난 전경을 볼 수 있는 곳이다. 샤모니에서 이곳까지는 곤돌라를 갈아타고 올 수 있다.

얼음의 바다
Mer de Glace

길이 14km, 폭 1,950m, 깊이 400m인 얼음의 바다Mer de Glace는 1,913m 정상까지 등반열차가 생겨 인기가 있는 관광지가 되었다. 등반 열차와 얼음 동굴로 가는 곤돌라, 동굴 입장료가 있어서 비용은 만만하지 않다.

Cannes

칸

Cannes

칸

칸Cannes은 세계적으로 유명한 칸 영화 축제가 열리는 도
시이자 아름다운 해변과 럭셔리한 호텔, 화려한 관광객
들로 유명하다. 칸Cannes은 프랑스 남부의 코트다쥐르에
서 가장 화려한 관광지이다. 오래 전 한적한 어촌 마을이
지금은 화려하고 럭셔리한 관광지로 변한 것이다. 도시
의 해안 산책로인 크루아제트는 명품 숍들과 벨에포크
양식의 인터컨티넨탈 칼튼을 비롯한 고급 호텔이 줄지어
서있다.

도시의 정확한 이름은?

'깐느'로도 알려져 있는데 표준
표기는 '칸'이다. 오크어로는
카나스(Canas)라고 불리는 도
시다.

칸 한눈에 파악하기

칸Cannes은 작은 도시로 반나절 정도면 모두 둘러볼 수 있다. 칸 도심은 걸어서 여행하기에 좋다. 팔레 데 페스티발에서 출발하면 동선을 만들기에 유리하다. 주요 쇼핑 거리인 루 단 티브를 거닐다가, 르 쉬케 지역으로 가서 칸의 구 시가지를 만나고, 자갈길을 따라 11세기 언덕 요새에 오르면 시내와 리비에라 연안을 바라볼 수 있다.

카스트르 박물관에는 200여 개의 오래된 악기들을 보고, 화요일부터 일요일까지 루 루이스 블랑 거리에서 열리는 포르빌 시장에서 현지 농산품들을 고르면서 칸의 로컬 문화도 접할 수 있다. 라 보카 지역에서 블러바드 뒤 미디를 따라 펼쳐져 있는 공공 해변에서 윈드서핑, 웨이크보드, 카약타기 등의 수상 스포츠도 직접 즐길 수 있다.

배를 타고 조금만 가면 칸 해변 바로 맞은편에 위치한 레랑 제도에 도착할 수 있다. 생트 마그리트 섬의 산책로를 따라 거닐면 야생 새와 식물들을 맘껏 볼 수 있다. 1600년대에 아이언 마스크로 유명한 유스타셰 도저라는 인물이 수감되었던 포트 로얄 감옥이 있다. 생토노레 섬에는 시토회 수도사들이 만든 와인을 시음해 보자.

> 칸 국제 영화제 기간이 아니라면?
> 매년 세계적으로 유명한 칸 영화제를 주최하는 컨벤션과 문화의 중심지로 보통 5월에 열리는 영화제 기간이 아닐 때 칸(Cannes)에 오면 영화제의 상징적 랜드마크가 된 레드카펫에서 사진을 찍을 수 있다. 음악에서 연극, 무용부터 유머에 이르는 다양한 문화 공연의 관람이 가능하다.

칸 크로와제트 카지노

칸 관광청 사무소

노트르담 데스퍼란스 성당

구항구와 구시가지

토이 트레인

카스트르 박물관

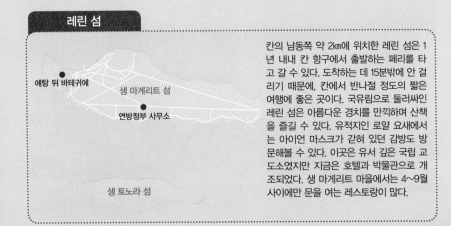

레린 섬

에탕 뒤 바테귀에

생 마게리트 섬

연방정부 사무소

생 토노라 섬

칸의 남동쪽 약 2㎞에 위치한 레린 섬은 1년 내내 칸 항구에서 출발하는 페리를 타고 갈 수 있다. 도착하는 데 15분밖에 안 걸리기 때문에, 칸에서 반나절 정도의 짧은 여행에 좋은 곳이다. 국유림으로 둘러싸인 레린 섬은 아름다운 경치를 만끽하며 산책을 즐길 수 있다. 유적지인 로얄 요새에서는 아이언 마스크가 갇혀 있던 감방도 방문해볼 수 있다. 이곳은 유서 깊은 국립 교도소였지만 지금은 호텔과 박물관으로 개조되었다. 생 마게리트 마을에서는 4~9월 사이에만 문을 여는 레스토랑이 많다.

라 크루아제트에서 하루를 시작하기

비유 포흐와 푸앙트 크루아제트 사이의 해안 거리를 칸에서 가장 유명한 산책로인 라 크루아제트라고 부른다. 이곳에서 칸의 분위기를 확인할 수 있기 때문에 라 크루아제트는 칸 여행을 시작하기 좋은 출발점이다. 2km 길이의 가로수 길은 지중해를 따라 뻗어 있고, 한쪽에는 화려한 해변이, 다른 한쪽에는 고급 호텔, 부티크, 레스토랑이 자리 잡고 있다. 라 크루아제트는 특히 이른 아침부터 늦은 시간까지 붐비는 칸 영화제 기간 중에 사람 구경하기 좋은 곳이기도 하다.

평상시에 유모차와 조깅하는 사람들이 해변을 따라 넓게 포장된 길을 거닐고, 벤치에 앉아 여유롭게 휴식을 취하고 있는 사람들을 항상 볼 수 있다. 바닷가에 있는 많은 바와 레스토랑도 앉아 여유롭게 시간을 보낼 수 있는 좋은 장소이다.

● 레 프렁스 카지노

● 롱 비치 해변

● 크루아제트 해변

● 자멘호프

211

칸(Cannes)에서 무엇을 볼까?

칸Cannes이 가장 내세울 만한 것은 니스까지 이어지는 '프렌치 리비에라'라고 부르는 멋진 해변이다. 2000년 이상 지중해 해변에 위치하고 있는 도시는 기후가 연중 온화하고 쾌적하다.
매년 5월에 국제 영화 스타와 수많은 팬을 불러 모으는 칸 국제영화제로 유명한 칸은 단순히 영화만이 아닌 다양한 매력을 관광객에게 선사한다.

칸 국제 영화제 둘러보기

칸Cannes의 대부분은 아름다운 해변에서 만날 수 있다. 칸 영화제 기간 동안 영화가 상영되는 건물, 팔레 데 페스티발도 구경해 보자.
1946년 시작된 영화제는 5월에 2주 동안 진행되고 있다. 칸이 수많은 연예인과 유명인들로 북적이는 시간으로 전 세계에서 관광객이 몰려든다. 유명 스타들의 손도장도 건물 외부의 도보에서 볼 수 있다.

칸 국제 영화제

프랑스 동남부의 도시 칸^{Cannes}에서 매년 5월 개최되는 국제 영화제로 베를린 국제 영화제, 베니스 국제 영화제와 함께 세계 3대 영화제로 불린다. 칸 영화제의 위상이나 인지도는 다른 두 영화제보다 훨씬 높다. 황금종려상은 노벨문학상이나 맨부커 상을 받은 것과 비슷하다는 견해를 보이는 경우도 있다. 영화제 엠블럼은 종려나무의 잎사귀에서 따왔으며, 그에 걸맞게 경쟁부문에서 최고 권위로 인정받는 황금종려상이 이 엠블럼으로 만들어진다.

3대 영화제와의 비교
역사는 베니스 국제 영화제가 가장 오래되어 한동안 권위가 있었으나 1970년대엔 68운동 여파로 잠시 비경쟁 영화제가 된데다. 중간에 개최되지 않은 적이 있어서 꾸준히 성장하던 칸에게 추월당해버렸다. 베를린 국제 영화제는 둘보다 늦게 시작되었고 1980년대 초에 휘청거린 적이 있어서 칸이나 베니스보다는 권위가 얕다.

2007년까지는 칸 지역의 영화관에 1회 이상 상영한 영화만 칸 영화제에 초청이나 시상이 가능했지만 경기 침체로 인해 프랑스 전국 어디에서나 1회 이상 상영한 기록을 제출하면 칸 영화제 출품이 가능하게 규정이 완화됐다.

영화제가 시작된 이유

1930년대 후반, 이탈리아 파시스트 정부의 개입으로 정치색을 강화했던 베니스 국제 영화제에 대항하기 위해, 프랑스 정부의 지원을 받아 개최된 것이 칸 국제 영화제의 시작이다. 1939년 개최 예정이었으나, 제2차 세계 대전의 발발로 중단되었다. 종전 후 1946년 정식으로 시작되게 된다.

간략한 역사

1948~1950년까지는 예산 문제로 개최되지 않았고, 1951년에 다시 개최되었다. 이때부터 팔레 데 페스티발Palais des Festivals et des Congrès이 대회장으로 사용되고 있다. 1968년에는 프랑스 파리에서 68운동이 일어나 루이 마르, 프랑수아 트뤼포, 클로드 베리, 장가브리엘 알비코코, 클로드 를루슈, 로만 폴란스키, 장 뤽 고다르 감독들의 요청으로 영화제가 중단되는 사태가 일어나기도 했다. 이 때 초청 예정이었던 작품들은 나중에 칸 회고전에서 회고전 형식으로 다시 상영되었다. 그 이후로 중단된 일은 없다.

권위

작품성에 대한 권위로는 높게 쳐주기 때문에 칸 국제 영화제에서 수상 경력이 있다는 것은 영화적으로 작품성을 보증 받았다고 판단되고 있다. 수상하지 못하더라도 초청만으로도 질적인 대우를 받는다. 주 수익은 마켓과 협찬이지만 60년 이상을 운영하면서 생긴 저력으로 영화계를 휘어잡고 있다.

문제점

다른 영화제와 마찬가지로 경쟁 부문 선정이 고루하다든가 편애하는 감독만 경쟁 부문에만 나온다든가 수상작 선정기준 논란 같은 고질적인 문제점도 안고 있다.

칸 요트 페스티벌(Cannes Yacht Festival)

칸의 구 광장인 르 쉬케 입구에 위치한 비유 포흐^{Vieufaure}는 산책을 하기도 좋고, 많은 바와 레스토랑 의 야외 테라스에서 휴식을 취하기도 좋은 곳이다. 칸 비유 포흐에는 레저 보트 와 다양한 고급 요트, 어선들이 정박해 있다. 매년 9월에 칸 요트 페스티벌이 되면 북적이 는 장소로 다시 태어난다. 이 페스티벌은 유럽에서 가장 큰 보트 쇼이다.

칸 아침

칸은 화려한 도시이다. 명품과 칸 국제영화제에서 보던 생각으로 칸을 보면 칸에서는 할 것이 없다. 물론 칸의 물가는 비싸다. 남프랑스에서 가장 유명한 도시인 니스보다 숙박도 먹거리도 비싸다. 그래서 프랑스 사람들조차도 칸은 하루갔다고 보고 오는 하루 여행이 대부분이다. 해변 주변으로 고급 레스토랑이 대부분이고 근교 도시에 비해 가격대가 높다.

그렇지만 칸의 구시가지에서 골목을 이리 저리 돌아다니면 칸에서 다른 느낌을 받게 된다. 페인트가 벗겨져도 놔두면 저렇게 이쁠 수 있구나 하는 생각과 길이 좁은 구시가지에서 아주 자은 차들도 많고 아침마다 빵 굽는 냄새가 나를 감싼다.

구시가지
Old Town

좁은 길에 역사적인 건물이 가득하고 도시와 바다의 전망이 환상적인 칸의 구시가지를 둘러보자. 도시의 시작점이 된 칸 구시가지에서 여유를 만끽할 수 있다. 레스토랑과 상점이 늘어선 중세의 자갈길을 따라 느긋하게 걸어보면, 이러한 길들이 라 쉬케^{Le Suquet}라고도 불리는 이 언덕 지구가 구불구불 이어져 있다는 것을 알 수 있다. 고풍스럽고 평화로운 지역은 도시의 해변, 카지노, 슈퍼 요트, 영화제의 화려함과는 전혀 다른 세상이다.

구시가지로 향하는 길은 혼잡한 해변 지역에서 조금 걸어가야 한다. 구시가지에서는 언제나 높은 곳을 찾아 발아래 펼쳐진 번화한 항구 주변을 내려다 볼 수 있다. 가장 좋은 전망은 오래된 성의 탑 꼭대기이다. 여기서는 바다, 도시, 산의 탁 트인 전망을 만끽할 수 있다.

칸의 구시가지, 라 쉬케 둘러보기

칸의 구시가지(Old Town)를 '라 쉬케(Le Suquet)'라고 부른다. 라 크루아제트의 서쪽 끝, 라 비유 포흐 바로 옆에 위치한 르 쉬케는 구불구불한 자갈길, 고풍스러운 현지 레스토랑들뿐만 아니라 칸의 랜드마크인 포빌 마켓, 카스트르 박물관, 아이언 마스크 타워 등이 있다. 르 쉬케는 언덕에 자리잡고 있어서 항구와 도시의 아름다운 전망을 볼 수 있다.

노트르담 드 레스페랑스 성당(Notre-Dame d'Esp rance)

성 옆에 17세기에 지어진 고딕 양식의 교회인 노트르담 드 레스페랑스 성당이 있다. 높이 솟은 탑을 올려다보면 아름다운 목각 설교단과 다른 종교 예술의 작품을 볼 수 있다. 중세 로마네스크 양식의 종탑이 눈에 띈다. 늘어나는 신자들에 따라 종탑까지 짓게 될 정도로 17세기에 칸은 성장하는 도시였다. 탑 꼭대기까지 계단을 올라가면 더 아름다운 칸의 풍경에 감탄하게 된다.

성당 정면에는 성모상이 있고 내부는 소박하게 현재 조성되어 있다. 성 안의 카스트르 박물관에는 이전 칸의 모습이 어땠는지 보여주는 19세기 풍경화를 포함하여 흥미로운 전시물들이 많다. 성의 12세기 예배당에는 다양한 악기도 전시되어 있다.

주소_ 1 Place de la Castre, 06400
시간_ 9~12시, 14~19시(목요일 18시, 일요일 11시)
전화_ 0490-995-507

칸 항구(Cannes Harbour)

'올드 포트Old Port'로도 불리는 칸 항구Cannes Harbour는 유서 깊은 구시가지 아래 도시의 중심에 자리하고 있다. 정박지를 채우고 있는 범선, 요트, 슈퍼요트 등이 프랑스 리비에라French Riviera 지역의 상징적인 풍경을 연출한다.

칸 항구는 구도심인 라 쉬케Le Suquet 아래에 위치해 있는데, 옆에는 페스티발 궁, 국회의사당Palace of Festivals and Congress Hall, 타운홀Town Hall이 있다. 세련된 레스토랑, 바, 부티크 매장이 늘어선 해변가 산책로인 라 크루아제뜨라 크로와셋La Croisette이 걸어서 조금만 가면 있다.

항구는 800여개 이상의 정박지를 갖추고 있으며 가장 큰 배들은 항구 사무소 옆 목재 부두 옆에 있다. 부두를 따라 걸어가면 가까이에서 고급 선박들을 볼 수 있다. 부두 끝에 다다르면 뒤를 돌아 푸른 언덕 위의 저택들이 보이는 칸의 아름다운 풍경을 감상할 수 있다. 부둣가를 따라 계속 걸으면서 선박들이 항해하는 모습을 보면 시원시원하다. 멀리 나가고 싶다면 배나 요트를 빌려 해안을 따라 가면서 근처의 레앙 아일랜드Lérins Islands까지 이동할 수 있다.
벤치에 앉아서 사람들이 정박지를 따라 산책하는 모습은 사람들의 여유 있는 장면을 볼 수 있는 곳이다. 유명 배우들이 머무르는 5월의 칸 영화제와 9월의 칸 요트 페스티벌Cannes Yachting Festival이 열린다.

주말의 모습

항구 뒤쪽에는 가로수가 난 좁은 골목길인 알레 들라 리베르테(Allées de la Liberté)가 있다. 월요일을 제외하고 매일 아침에 꽃 시장이 서는 곳인데, 주말 벼룩시장에서 할인 물건과 신기한 물품들을 찾을 수 있기도 하다.
항구는 식사를 하기에도 안성맞춤이다. 바다가 보이는 레스토랑에서 맛있는 프랑스 요리와 세계의 다양한 요리를 맛보면서 배들로 어두운 바다가 수놓아진 아름다운 풍경은 압권이다.

페스티발 궁 & 국회의사당(Palais des Fastivals et des Cangrés)

페스티발 궁 & 국회의사당Palace of Festivals and Congress Hall은 칸 영화제의 중심지이다. 이곳에서 매년 열리는 영화제 기간 동안 다양한 영화가 상영되고 시상을 한다. 그 외의 기간 동안에는 이 랜드마크 건물에서 선박 쇼, 발레 공연, 콘서트, 회의 등 다양한 전시와 행사가 진행되고 있다. 칸 영화제의 중심지인 유명한 홀에서 클래식 음악 콘서트에 참석하거나 예술 전시를 감상해 보자.

여러 시사회와 레드 카펫 행사의 배경으로 등장하는 건물 앞에 서보자. 클로드 드뷔시 극장Théâtre Claude Debussy은 아름다운 유리 외관으로 되어 있으며 주 출입구 계단은 많은 스타들이 사진을 찍은 곳이다. 루이 뤼미에르 강당Auditorium Louis Lumière은 2,300석 규모의 강당으로, 영화제에서 영화 제작자에게 수상되는 가장 높은 상인 황금종려상이 수상되는 곳이 이곳이다.
궁에는 갈 곳이 굉장히 많아서 방문하는 동안 참여할 수 있는 어떤 행사가 있는지 공식 웹사이트에서 확인해봐야 한다. 칸에 있다면 바로 옆에 있는 관광 안내소에서 최신 행사 일정표를 받아서 직접 볼 기회를 가져보자.
랜드마크 건물은 칸 항구Cannes Harbour 동쪽에 있는데, 해변과 도심을 연결하는 라 크루아제뜨라 크로와셋La Croisette의 서쪽 끝이다.

홈페이지_ www.palaisdesfestivais.com 주소_ 1 Boulevard de la Croisette, 84000 전화_ 0493-390-101

카스트르 박물관(Musée de la Castre)

박물관은 칸 항구 바로 서쪽의 언덕 위에 있는 라 쉬케^{Le Suquet} 안에 있다. 수사들이 지은 11세기 언덕 위의 성에는 흥미로운 예술, 역사적 유물들이 전시되어 있다. 오래된 성에서 항구가 내려다보이는 멋진 풍경을 즐길 수도 있다.

이 성은 11세기에 레랭^{Lérins}의 수사들이 지은 것으로, 도시에 얼마 남지 않은 중세 시대의 흔적이다. 전시를 관람한 후에는 안마당을 통과해 오래된 사각탑까지 산책하는 것을 추천한다. 109개의 계단을 오르면 칸 항구^{Cannes Harbour}와 중심부의 풍경이 한눈에 들어온다.
언덕 위의 고대 성벽 안의 있는 중세 성의 박물관에는 매혹적인 유물, 원시미술, 악기 등을 소장하고 있다. 히말라야 산맥에서 발견한 가면과 봉헌 조각상, 19세기 그림, 이집트 석관 등을 볼 수 있다.
박물관에 전시 중인 5개의 상설 컬렉션이 있다. 보야쥐 피터레스크^{Voyage Pittoresque}관에서는 지금과 비슷한 19세기 리비에라^{Riviera}의 풍경화를 볼 수 있다. 보야쥐 에트너그라피크^{Voyage Ethnographique}관에는 콜럼버스가 미 대륙을 발견하기 이전의 도자기와 북국의 이뉴잇 족이 만든 상아 소상도 전시되어 있다.

성의 12세기 생텐느 예배당^{Saint Anne Chapel} 안쪽에 아시아, 아프리카, 아메키라, 오세아니아에서 온 400여 종 이상의 유서 깊은 악기들이 있다. 보야쥐 히스토리크^{Voyage Historique}관에는 수메르의 점토판문서, 에트루리아와 이집트의 석관이 있고 또한 18세기 말부터 20세기 초까지 이란을 통치했던 카자르 왕조의 물건들도 전시되어 있다.

주소_ Rue de la Castre, 06400   **요금_** 6€(18~25세 3€)
시간_ 10~19시(7~8월 / 10~13시, 14~18시(4~6, 9월) 수요일 21시까지) (월요일 휴관 / 1/1, 5/1, 11/1, 11/11, 12/25 휴관)
전화_ 0493-390-101

라 크루아제뜨라 크로와셋(La Croisette)

칸 중앙을 가로지르며 도시의 다른 지역과 해변을 연결하는 화려함과 즐거운 분위기가 담긴 멋진 거리로, 프랑스에서 가장 유명한 보도로 알려져 있다. 칸 항구 동쪽에서 시작해 크루아제트 케이프^{Croisette Cape}까지 해변의 중요 지점을 지나간다.

라 크루아제뜨라 크로와셋^{La Croisette}은 야자수, 고급 호텔, 세련된 레스토랑과 바가 줄지어 있는 멋진 해변 대로이다. 2㎞에 이르는 도로에서 칸영화제 동안에 영화 산업의 명사들을 볼 수 있다.

지금은 세련된 거리인 현재 모습과 달리 원래 당나귀와 순례자들이 다니던 길이었다. 걷다 보면 해변, 궁, 카지노, 저택, 장미 정원 등을 지나게 된다. 일부 해변은 산책로를 따라 있는 고급 호텔의 전용 해변으로 마제스틱^{Majestic}, 칼톤^{Carlton}, 메리어트^{JW Marriot} 등이 전용해변을 사용하고 있다. 바다를 바라보며 멀리 레앙 아일랜드^{Lérins Island}의 풍경을 감상하고, 해변에서 더위를 식히거나 보다 적극적인 활동을 즐길 수도 있다.

칸 항구^{Cannes Harbour}에는 부유층의 요트들이 정박해 있는데 이곳에서 영화제가 열린다. 잘 알려진 페스티발 궁 & 국회의사당^{Palace of Festivals and Congress Hall}에서 매년 진행되는 화려한 영화 축제 기간에 영화가 상영되며 배우들이 참석하기도 한다.

경치를 바라보며 레스토랑에서 식사를 하거나 바게트, 치즈, 와인을 가져가 해변에서 피크닉을 즐길 수도 있다. 해질녘에 와서 하늘이 물드는 모습을 보고 어두워지면 바다를 수놓는 배의 불빛을 구경하는 것도 좋다.

223

뤼 단티브(Lu d'Antibes)

칸에서 가장 번화한 쇼핑 거리인 '뤼 단티브Lu d'Antibes'는 귀 뒤 마르샬 조프르에서 롱 퐁 뒤 제네랄 모베르까지이다. 라 크로와제트와 나란히 뻗어 있는 1.2㎞의 뤼 단티브는 칸의 유명한 쇼핑가이다. 패션, 보석, 화장품, 신발까지 거리에서 판매되는 품목은 끝없이 이어지는 것처럼 보인다.

자라나 H&M 같은 패션 브랜드와 소규모 개인 부티크가 있는 뤼 단티브는 크로와제트보다 더 고급스럽다. 둘러보면서 거리의 티 룸, 파티세리, 카페에서 휴식을 취하면서 천천히 휴식을 즐겨보는 것도 좋은 방법이다.

마르쉐 포빌(Marche Forville)

비유 포흐에서 도보 거리에 있고 칸 시청 뒤에 위치한 3,000㎡ 면적의 재래시장, 마르쉐
포빌이 있다. 1934년에 형성된 칸에서 가장 유명한 재래시장에서는 그들의 일상생활을 살
펴볼 수 있다.
산책한 후 집으로 돌아가기 전, 그들은 다양한 치즈나 신선한 과일이나 먹거리를 구입해
집으로 돌아가 식사를 한다. 월요일에는 마르쉐 포빌이 벼룩시장으로 바뀌어 다양한 골동
품과 중고품을 판매한다.

주소_ 7~13시30분(화~일요일 / 벼룩시장 월요일 7~17시) **전화_** +33-(0)4-92-99-84 22

EATING

라지에트 프로방살
L'Assiette Provencale

비유 포흐의 케 생 피에르에 위치한 라지에트 프로방살은 작지만 유명한 레스토랑으로 분위기도 이쁘고 친절하다. €20~30 정도로 저렴한 가격에 코스 식사를 할 수 있는 곳이다. 수제 생선 수프인 부야베스, 애호박 꽃 튀김, 오징어를 채운 작은 카넬로니를 곁들인 농어 필레 철판구이 같은 지중해 특선 요리를 맛볼 수 있다.

Saint-Tropez

생트로페

생트로페|Saint-Tropez는 무척이나 화려하고 매력적이다. 자신이 가진 것을 과시하려는 부자나 유명인, 미인이 프렌치 리비에라의 황금빛 해변으로 몰려들면서 고급 부티크들이 생겨나면서 도시가 형성되었다고 한다. 이들은 도시의 유명하고 고급스러운 패션 부티크에서 쇼핑을 하고, 세련된 나이트라이프에 맞춰 마시고 춤추지만 문화유산의 분위기 속에 빠져들기도 하는 도시이다.

생트로페의 아침

생트로페에서는 아침에 시장에 가보자. 생트로페의 좀 더 소박한 면을 처음으로 느껴볼 수 있다. 시장은 해변과 바의 매력과 화려함에서 벗어나 휴식이 필요할 때 가보면 좋다. 지중해 지역의 풍부한 일조량 덕분에 맛있고 신선한 프랑스 남부의 해산물과 농산물을 맛볼 수 있다. 시간이 나면 근처의 카페나 레스토랑의 테라스에서 커피를 마시며 지나가는 사람을 구경하는 것도 좋다.

리스 광장 시장(Place des Lices Marche)

생트로페에서 맛있는 음식을 먹고 싶다면 리스 광장 시장으로 가야 한다. 미식가가 아니더라도 프로방스는 프랑스에서 유럽에서도 최고라고 하고 인정하는 치즈, 고기, 빵, 페이스트리 등이 유명하다. 매주 2번씩 열리는 시장은 식재료를 구입하고 싶거나 피크닉을 위한 음식을 고르고 싶을 때 자주 찾는다.

주소_ Place des Lices, 20 Boulevard Vasserot, 83990 Saint-Tropez, France
시간_ 화요일 / 토요일 08:00 ~ 13:00

라퐁쉬 뒷골목(Laponche Backstreet)

라퐁쉬는 생트로페의 '구시가지' 지역으로 매력적이고 독특한 프랑스 남부의 분위기를 느낄 수 있다. 서로 이리저리 얽힌 좁은 파스텔 색채의 골목길을 돌아다니면서 경치를 구경할 때 오래된 골목에서 발아래 조약돌을 느껴볼 수 있다. 유명한 관광지로 노트르담 성당이 있지만, 번화한 이 지역에는 레스토랑, 바, 카페도 많아서 매력에 빠져드는 것만으로도 호감이 간다.

주소_ Rue Commandant Guichard, Saint-Tropez, France

팜펠론 비치(Pampelonne Beach)

태양, 바다, 모래는 활동적인 해양스포츠를 즐기며 제트족이 생트로페로 몰려드는 이유인데, 그중에도 팜펠론 비치는 젊은이들이 몰려드는 곳이다. 해변은 생트로페에서 가장 길고 유명한 모래사장이 펼쳐져 있으며, 라마튜엘 마을과 멀지 않은 아름답고 한적한 곳에 자리하고 있다.

펨펠론은 최고의 유명인들이 가득한 고급 비치 클럽으로 유명하지만, 모래사장을 따라 타월을 펼치거나 접이식 의자를 대여해서 자신만의 장소를 만들 수도 있다. 생트로페와 그 주변에는 펨펠론 말고도 부야베스 해변이나 살랑 해변도 있다.

주소_ Pampelonne, 83350 Ramatuelle, France

232

해양사 박물관(Mus e d'histoire Maritime)

생트로페에 있는 해양사 박물관은 해양 도시의 풍부하고 오래된 역사를 확인시켜 준다. 부유한 제트족의 인기 관광지로 재정비된 최근의 모습과는 사뭇 다른 도시를 볼 수 있다. 박물관은 생트로페 성채의 지하 감옥에 자리하고 있어서 사진 촬영을 하려고 온 사람들도 많다.

프랑스 해안을 벗어나 먼 곳을 항해했던 역사와 관련한 유물 전시회를 둘러본 후에는 17세기의 멋진 성채를 감상할 수도 있다. 성채에는 바다와 산맥을 내려다볼 수 있는 전망대가 있어 풍경을 바라보기에도 제격이다.

주소_ 1 Montée de la Citadelle, 83990 Saint-Tropez, France
시간_ 매일 10:00 ~ 18:30 **전화_** +33-4-94-97-59-43

경찰 / 영화 박물관(Musée de la Gendarmerie et du Cinema)

경찰 & 영화 박물관은 오래된 경찰서 건물에 자리하고 있다. 작은 도시의 영화적 뿌리에 관한 이야기를 들려주고 있다. 생트로페의 풍부하고 활기차며 오래 지속되어온 영화 제작의 역사와 어떻게 이곳이 영화와 예술의 중심이 되었는지를 잘 보여주고 있다.

생트로페와 주변 지역에서 제작된 다양한 영화를 볼 수 있다. 예 경찰서 건물에 있어서일까, 세월이 흐르면서 프랑스 영화에서 경찰이 어떻게 묘사되었는지를 보여주고 있다. 박물관에는 생트로페의 유명한 영화 산업의 화려함을 둘러싼 신화를 자세히 다룬 전시관도 있다.

///

주소_ 2 Place Blanqui, 83990 **시간_** 10∼18시 **전화_** +33-4-94-55-90-20

아페리티프(Apéritif)

생트로페의 그림 같은 부두를 따라 펼쳐지는 아름다운 경치를 따라올 곳은 많지 않을 것이다. 저녁 식사 전에 마시는 반주를 '아페리티프(Apéritif)'라고 한다. 이 단어는 생트로페의 석양을 보면서 즐기는 와인이나 음료수로 하루를 마무리한다는 이야기가 퍼져 가면서 만들어진 단어이다. 이는 프랑스만의 뿌리 깊은 문화적 의식이라고 할 수 있다.

세네퀴에
Senequier

이른 아침부터 꼭두새벽까지 운영하는 카페 세네퀴에Senequier는 기분 전환을 위한 음료를 마시면서 코트 다 쥐르 너머로 지는 석양을 감상하기 좋은 곳으로 유명하다. 트렌디하고 이름도 잘 지어서 사람들은 자주 찾는 곳이 되었다. 외부 좌석이 있어서 오랜 시간 음식이나 음료로 대화를 나눈다.

주소_ 4 Place aux Herbes Quai Jean Jourés, 83990

Grasse

그라스

Grasse

그라스

국제 영화제로 유명한 칸Cannes으로부터 약 20㎞ 거리에 위치한 그라스Grasse는 아름다움과 향기로움이 공존하는 도시이다. 수백 년이 된 박물관, 성당, 향수제조 유산이 매력적인 아름다운 언덕 마을로 여행을 떠나보자. 그라스Grasse는 프랑스 남쪽에 밀집되어 있는 휴양도시 중 하나이지만 향수로 전 세계에 유명한 향수도시이다.

● 관광청 사무소

국제 향수 박물관 ●   프라고나르 박물관

● 노트르담 뒤 푸이 성당(그라스 대성당)

프린세스 폴린 정원

 ● 프로방스 예술과 역사 박물관 ─────

프로방스 의복과 보석 박물관 ● ● 프린세스 폴린 정원

프라고나르 ●

빌라 프라노나르 ●

기차역 ●

따듯한 기후와 지중해 해안을 겸비한 최고의 휴양지에 하나 더 추가해 그라스를 돋보이게 하는 것은 오랜 전통의 향수 제조업을 이어받아 발전해온 향수 공장들과 이에 필요한 원료를 제공하는 드넓고 향기로운 꽃밭이 그라스를 대변해준다고 할 수 있다. 프랑스 향수 산업의 중심지이자 세계적인 향수의 수도로 알려져 있다.

대표 향수 회사 & 원산지

프라고나르Fragonard, 갈리마르Galimard, 몰리나르Molinard가 있는데 3사 모두 박물관을 겸비하고 있어 도시의 역사와 향수 제조법 등에 대해 알리는 문화적인 역할도 하고 있다. 그라스의 화창한 날씨는 꽃을 재배하기에 최적화 되어있어 장미, 오렌지, 쟈스민, 라벤더, 미모사, 각종 허브 등 최고의 향수원료 산지로 손꼽힌다.

그라스Grasse의 쟈스민은 세계적인 향수 샤넬 no.5의 주원료로 쓰이는 것으로도 유명한데, 매년 5월에는 장미 축제, 8월에는 쟈스민 축제가 열린다. 매력이 다양한 전 세계 관광객을 매료시킨 그라스Grasse는 파트릭 쥐스킨트Patrick Süskind의 소설 '향수le Parfum' 속 배경 도시로 등장하기도 하였다.

그라스 한눈에 파악하기

달콤한 향기는 그라스 문화의 일부에 불과하다. 프로방스 예술 역사박물관에서 선사 시대부터 프로방스 지역의 일상생활에 대해 전시하고 있다. 고고학적 유적, 골동품 가구, 18세기에 상류층이 사용했던 욕조와 비데 등의 소장품이 전시되어 있다.

작은 광장으로 이어지는 좁은 길과 골목을 산책해 보자. 도시의 랜드마크 건물 중 하나인 12세기 그라스 성당을 찾아가 보자. 내부에는 플랑드르 바로크 화가 루벤스의 그림 3점이 있다. 그라스 태생의 프랑스 화가 장 오노레 프라고나르Jean-Honoré Fragonard가 그린 18세기 종교화 발을 씻어주시는 예수The Washing of the Feet를 볼 수 있다.

그라스는 세계의 향수 수도라고 말할 수 있는 프로방스의 언덕에 있는 아름다운 도시로 향수 산업과의 연관성은 몇 백 년 전으로 거슬러 올라간다. 좁은 거리의 17~18세기 건물들 사이에 향수 회사들이 눈에 띈다. 향수 박물관에는 향수제조의 역사와 기술에 대해 알 수 있고 조향사들이 재배하는 재스민과 라벤더 밭까지 살펴보면 그라스에 매료될 것이다.

그라스의 향기는 한 때 향수를 만드는 데 많은 양이 사용되었던 꽃의 재배에 이로운 이곳의 미기후에서 비롯되었다. 약효가 있고 향기가 좋기로 알려져 있는 많은 식물들이 심어져 있는 정원도 아름답다. 프라고나르Fragonard, 몰리나르Molinard, 갈리마드Galimard의 향수 회사에는 무료 투어로 향수를 알리고 있다.

그라스의 향수가 발달한 이유

그라스Grasse가 처음부터 향수로 유명했던 것은 아니다. 중세시대 무렵 프랑스 남부에서는 지중해와 주변 국가들을 통해 무역활동이 활발하게 이루어졌는데 물이 풍부했던 그라스 Grasse에서는 가죽 제조업이 발달하였다. 당시 가죽의 무두질 과정에는 동물의 분뇨가 사용되어 그라스Grasse에는 썩는 냄새와 악취가 진동하였다고 전해진다.

16세기에 그라스Grasse의 가죽제조업자들은 완성된 가죽에 식물에서 추출한 향료를 입히는 방법을 고안해 내면서 그라스 향수의 시초가 되었다. 그라스가 향수 제조업의 대표적인 도시로 성장하는 계기가 된 이후 그라스는 뛰어난 조향사들과 세계적인 향수 회사를 많이 배출해 내었으며 오늘날에도 풍성한 자연원료를 사용한 그라스의 향수, 비누 등 아로마 제품은 단연 세계 최고로 손꼽힌다.

국제 향수 박물관(International Perfume Museum)

향수 무역이 시작된 그라스Grasse에 자리한 국제 향수 박물관International Perfume Museum에서 코가 이끄는 대로 돌아다녀보자. 고대 이집트의 향수병을 살펴보고 수천 년을 거슬러 올라가는 향수의 역사와 더불어 그라스에서의 향수 산업의 기원과 발전에 대해 알 수 있다.

비누와 화장품의 역사까지 약 50,000여 종의 향수 관련 컬렉션이 있다. 제조 기술과 향기 생산을 주제로 한 전시관에서 자세히 알 수 있다. 18세기의 우아한 병과 기원전 6세기의 그리스 향유병 등의 다양한 역사상의 향수 용기를 보면 신기하다. 박물관의 중요한 전시물로는 마리 앙투아네트의 여행 상자로서 초콜릿 병, 향수병, 뜨거운 음료를 위한 버너 등의 물건을 담아 가지고 다니던 것이다.

일본의 향기 기계, 19세기의 나무 경대, 향수 오르간 같은 특이한 물건들도 있다. 이 책상은 향수 제조자가 향기를 제조 작업을 하던 것으로 많은 유리병이 놓여 있다. 1960년대의 햇볕에 잘 익은 피부에 대한 새로운 유행을 표현하기 위해 프랑스에서 판매된 첫 번째 선탠 오일 병이다.

Avignon

아비뇽

Avignon

아비뇽

14세기 교황청이 있었던 프랑스 남부의 론 강둑에 위치한 웅장한 중세 도시가 아비뇽 Avignon이다. 아비뇽을 '교황의 도시'라고도 하는데, 1309년에 교황 클레멘스 5세가 로마의 부패와 정치적 암투를 피해 아비뇽으로 거처를 옮겼기 때문이다. 클레멘스 5세의 뒤를 이은 6명의 교황도 모두 프랑스 사람이었기에 아비뇽에 계속 머물렀다.

요새 도시 아비뇽

론 강변에 위치한 고대 도시 아비뇽은 탑과 포대로 강화
된 성벽이 둘러져 있다. 요새 도시 아비뇽은 도보로 돌아
다녀도 힘들지 않고 관광지는 교황청 근처에 몰려 있다.
중세 성문을 통해 도시 안으로 들어가면 교황청이 나온
다. 아비뇽의 관광지가 몰려 있는 성벽 안에는 미술관, 박
물관, 교회, 세계 최대의 고딕 양식인 궁전이 있다. 신을
경배하기 위해 건축된 웅장한 고딕 양식의 궁전은 교황의
거처이자 적의 침입을 막는 요새였다.

벨(Vélopop)

시에서 운영하는 벨로포
(Vélopop)라고 하는 자전거 공
유 시스템으로 둘러보는 것도
좋은 방법이다.

아비뇽 한눈에 파악하기

교황청의 거대한 석조 강당과 방을 돌아본 후, 옆에 있는 아비뇽 성당으로 이동하자. 이곳에는 종교적 예술품과 아비뇽에 살았던 교황의 무덤이 있다. 돌계단과 경사로를 따라 올라가서 언덕 꼭대기 정원, 로셰 데 돔Rocher des Doms을 볼 수 있다.

복잡하게 얽혀 있는 아비뇽 뒷골목을 돌다 보면 수녀원과 화려하게 장식한 교회가 나온다. 보행자만 다닐 수 있는 쇼핑 지구에는 현대식 부티크와 매장이 가득하다. 아비뇽의 중심 광장인 오를로 광장의 식당에서 전통 요리와 와인을 맛보는 것도 좋다.

강을 따라 내려가서 아비뇽 다리의 남은 아치 위를 걸으면 론 강 위에 지어진 고대 석재 다리의 일부만 남아 강 중간에서 끊어지는 것을 알 수 있다.

● 생 베네제 다리

프티 팔레 박물관 ●   ● 로세 데 돔 공원

아비뇽 대성당
●

교황청
●

● 오페라 그랑 아비뇽

칼베 박물관
●
● 레키엥 박물관   ● 잉글라돈 박물관

● 라피데르 박물관
콜렉시몽 랑베르 ●   ● 관광청 사무소

아비뇽 시내 기차역 ●   ● 버스터미널

아비뇽 성당(Cath drale Notre-Dome des Doms d'Avignon)

구시가지 성벽 안쪽의 교황청 바로 옆에 위치한 아비뇽 성당은 걸어서 이동하면 된다. 14세기에 교황이 머물던 아름다운 로마네스크 성당에서 미사를 올리거나 보물을 감상하는 것도 좋다.

4세기 가톨릭 바실리카 위에 건축된 아비뇽 성당은 12세기에 크게 부흥했지만 얼마 지나지 않아 근처에 세워진 화려한 교황청의 그늘에 가려졌다. 교황청에 밀리지 않기 위해 수세기에 걸쳐 보강 공사를 했는데, 14세기에는 둥근 지붕, 17세기에는 성가대석, 19세기에는 성모 마리아상이 추가되었다. 현재도 예배당으로 사용되고 있는 성당은 아비뇽 대주교가 미사를 보고 프랑스 교황이 휴식을 취하는 장소다.

성당 내부 둘러보기

신도석, 부속 예배당, 조각상, 무덤을 모두 돌아보는
데 꽤 시간이 소요된다. 성당 뒤쪽으로 가면 아비뇽
교황들이 사용하던 12세기 의자가 있는데, 성인을
상징하는 동물 조각이 새겨진 흰색 대리석 의자가
교황의 의자이다. 인상적인 모습의 돌 제단은 의자
와 같은 시대의 것으로 프랑스 교황이 미사를 올릴
때 사용했다.

교황 요한 22세에게 헌정된 예배당에는 종교적 물
건과 유물을 살펴볼 수 있다. 입구 근처에는 15세기
프레스코화Baptism of Jesus Christ를 포함한 예술 작품이
전시되어 있다. 성당에는 오르간 2대가 있고 위를
보면 팔각형 돔이 있다. 돔의 창문이 햇빛을 반사되는 모습이 아름답다.

아비뇽 성당을 '아비뇽의 성모 마리아 노트르담 대성당Our Lady of the Doms'이라고도 하며 동
정녀 마리아를 기념하는 조각상 3개가 있다. 첫 번째 조각상은 쉽게 찾을 수 있는데, 탑 꼭
대기에 서 있는 6m 높이의 반짝이는 조각상이다. 2번째 예배당과 3번째 예배당의 신도석
오른쪽에 보면 나머지 두 조각상이 있다.

아비뇽 유수

교황들이 아비뇽에 거주한 약 70년간을 교황의 '아비뇽 유수(1309~1377)'라고 부른다. 교황권이 쇠퇴
하고 황제의 권한이 강화된 새로운 시대가 시작되었다는 상징적 사건이다. 프랑스의 필리프 4세는 교
황 보니파키우스 8세와 대립하면서, 삼부회를 소집하여 지지를 받고 교황에게 도전하여 승리한다. 교황
은 패배 직후 사망하고, 약 70년간 프랑스 인, 교황이 계승하면서 교황청을 아비뇽에 두었다.

교황권은 어쩔 수 없이 약화되면서 아비뇽의 교황들은 프랑스 왕의 영향 속에서 프랑스에 의존하지 않
으면 안 되는 상황까지 이른다. 하지만 로마에서도 교황이 존재하고, 아비뇽에 있는 교황을 인정하지
않는 2명의 교황이 분립하는 교회의 대분열(1378~1417)로 이어지는 교황권의 약화 사건이다.

홈페이지_ www.metropole.diocese-avignon.fr   **주소_** Place du Palais, 84000   **전화_** 0490-821-221

아비뇽 교황청(Le Palais des Papes)

교황청은 아비뇽 성당 옆에 있는 교황청 광장에 위치하고 있다. 14세기, 교황의 거처이자 방어 시설로 건축된 유럽 최대의 고딕 양식 궁전으로, 아비뇽의 스카이라인과 문화생활의 중심지로 지금도 인식되고 있다.

교황청은 교황을 지키는 요새이자 교황이 살던 거주 공간이었으며, 교황이 업무를 처리하던 관리 센터이자 신자들을 위한 예배당이었다. 포대, 높은 탑, 두꺼운 벽으로 철통 같이 보호된 궁전은 로마가 정치 싸움으로 분열된 14세기에 가톨릭 성당의 본부로 사용되었다. 현재 교황청은 프랑스에서 관광객이 가장 많이 방문하는 관광지 중 하나이다.

고딕 시기에 건축된 세계 최대의 교황청은 성당 4개를 합친 웅장한 규모를 자랑한다. 천장이 높은 방과 웅장한 규모는 가톨릭 성당의 부와 권력을 잘 보여준다. 교황이 아비뇽을 떠난 후 1906년에 박물관으로 변경될 때까지 교황청은 군대 병영과 감옥으로 사용되었다. 25개가 넘는 방이 있는데 대부분의 방에는 가구가 하나도 없지만 여전히 볼거리가 많이 남아 있다. 14세기 교황청의 모습을 머리 속으로 그려보면서 둘러보는 것이 좋다.

교황청 안에는 아름다운 프레스코화가 전시되어 있다. 교황의 방$^{Papal\ Chamber}$에는 자연에서 영감을 얻은 프레스코화가 걸려 있고, 생마샬 샤펠$^{Saint\ Martial\ Chapel}$에는 생 마샬$^{Saint\ Martial}$의 일생을 그린 그림이 걸려 있다. 교황 클레멘스 6세의 연구실로 사용된 스태그 룸$^{Stag\ Room}$에는 사냥과 낚시를 하는 그림이 걸려 있다. 그림을 감상한 후에는 옥상 테라스로 올라가 론 강과 아비뇽의 경치를 본다면 그 시절을 상상해 볼 수 있을 것이다.

홈페이지_ www.palais-des-papes.com **주소_** Place du Palais, 84000
시간_ 9~19시(4~6, 9~10월 / 7, 8월 1시간 연장 / 11~2월 9시 30분~17시45분)
요금_ 12€(8~17세, 60세 이상 10€ / 8세 이하 무료) **전화_** 0490-275-000

가이드투어

1년 내내 정기 가이드 투어가 항상 있다. '교황과 교황의 애완 동물', '비밀 궁전' 등과 같이 특정한 테마를 주제로 한 투어도 있는데, 이런 투어에 참가할 경우 일반 대중에게 개방되지 않은 방에 들어갈 기회도 제공된다.

생 베네제 다리(Pont Saint-Bénézet)

아비뇽의 대표적인 랜드 마크이지만 돌로 만든 다리는 현재 일부만 남아 있다. 다리의 역할은 전혀 못하지만 전 세계의 관광객을 끌어들이고 역할을 한다. 퐁 다비뇽Pont d'Avignon의 별칭이나 공식 명칭으로 생 베네제 다리Pont Saint-Bénézet는 기독교 전설에 따르면 아비뇽에 다리를 건설하라는 계시를 받았다는 생 베네제Saint-Bénézet의 이름에서 따왔다. '퐁 다비뇽 Pont d'Avignon'이라는 이름이 더욱 친숙한 생 베네제 다리Pont Saint-Bénézet는 '아비뇽 다리 위에 서Sur le Pont d'Avignon'라는 동요 덕분에 유명세를 얻었다.

12세기에 건설된 이 다리의 원래 길이는 900m에 론 강을 가로질렀다. 현재는 강 건너편까지 연결되지 않고 중간에 끊기지만 과거의 아비뇽과 현대의 아비뇽을 연결하는 중요한 역할을 하고 있다. 원래는 22개의 아치가 있었지만 지금은 4개만 남아 있고, 그 중 3개는 강 위에, 나머지 하나는 도로 위에 있다. 수세기를 거치는 동안 홍수에 다리가 끊기면 다시 복구하는 일이 자주 반복되었지만 1669년 홍수 이후에 다리 복구 작업이 전면 중단되었다.

> **전망 좋은 곳**
>
> 다리 끝으로 가면 다시 아름다운 교황청과 성당 탑이 보인다. 다리의 경치를 감상하기에 가장 좋은 위치는 론 강둑에서 약간 상류나 하류로 치우친 자리와 로셰 데 돔 공원의 언덕 꼭대기이다.

홈페이지_ www.avignon-pont.com **주소_** Rue Ferruce, 84000
시간_ 9~19시(4~6, 9~10월 / 7, 8월 1시간 연장 / 11~2월 9시 30분~17시45분)
요금_ 5€(8~17세, 60세 이상 4€ / 8세 이하 무료) 교황청+다리 통합권 15€(8~17세, 60세 이상 12€)
전화_ 0490-275-116

로셰 데 돔(Rocher des Doms)

로셰 데 돔Rocher des Doms은 2.8ha의 공원으로 교황청보다 높은 바위 노두에 위치하고 있다. 아비뇽 언덕 꼭대기에 위치한 역사적 공원으로 도시, 강, 주변 시골, 포도밭의 아름다운 경치를 감상할 수 있는 공원은 현지인들에게 소풍과 산책을 하는 장소이다.

17세기부터 아비뇽 시민들의 산책 코스로 사랑을 받고 있으며 지금도 중세의 전통미를 느낄 수 있는 정원, 아름다운 테라스, 연못을 구경하기 위해 꾸준히 방문하는 사랑받는 공원이다. 시인이자 소설가인 펠리 그라와 미술가 폴 사잉을 비롯하여 아비뇽 출신 유명 인사들의 조각상이 공원 안에 소개되고 있다.
연못가에서 휴식을 취하고 연못 너머로 19세기에 제작된 청동 조각상인 '비너스 위드 스월로우Venus with Swallows'가 있다. 한때 아비뇽의 생피에르 교회에 있었지만 누드 비너스 때문에 소란이 일자 조각상을 공원으로 옮겼다. 연못가 카페에서 커피와 케이크를 즐기며 오리와 백조가 물살을 가르는 풍경을 구경하는 장면을 쉽게 볼 수 있다.

> **아비뇽의 요람**
> 공원 여기저기에는 공원의 역사를 알아볼 수 있는 안내문이 설치되어 있다. 수천 년 전 공원의 암석 동굴에 초기 주민이 거주했다. 그래서 로셰 데 돔을 "아비뇽의 요람"이라고도 부른다.

Nice

니스

Nice

니스

1년 내내 따뜻한 기온에 청명한 바다를 보면 니스를 사랑하지 않을 수 없다. 2백만 명이 거주하는 프랑스 리비에 지방의 도시는 온화한 기후, 매혹적인 해변, 여유로운 라이프스타일이 어울려 사랑을 받고 있다. 따뜻한 기온이 가득한 니스Nice에는 형형색색의 건축물이 여유로운 지중해의 생활방식과 어울려 전 세계의 많은 유명인들과 관광객이 해안 도시로 몰려들게 하고 있다.

니스 여행의 특징

영국인의 산책로

니스 여행의 시작은 영국인의 산책로라 불리는 해변 거리부터이다. 5㎞로 이어진 거리에는 현지인과 여행자들이 모여 니스 해변의 아름다움을 만끽한다. 다양한 카페, 레스토랑, 바Bar에서 여유를 즐길 수도 있다.

거리 곳곳에는 고급 차량들이 보이고, 천사의 만이라 불리는 곳에 정박해 있는 호화 요트들도 볼 수 있다. 니스는 영국 여왕에서부터 헐리우드 스타들까지 전 세계의 유명 인사들과 부유층이 찾는 도시이다.

올드 타운

산책로에서 한 블록 뒤로 떨어져 있는 구 시가지에는 아르데코와 바로크 풍이 혼합을 이룬 빨간 지붕과 파란 문의 건물들을 볼 수 있다. 전통적인 먹거리와 오래된 교회들이 늘어선 좁은 골목길은 아기자기하다.

살레야 광장에서는 신선한 농산물을 구매한 후, 북적이는 광장에서 커피 한 잔의 여유도 만끽할 수 있다. 니스에서는 낮과 밤 언제든지 즐길 수 있는 길거리 음식으로 가득하다. '소카'라 불리는 니스식 콩가루 크레페 또는 "니스풍 샐러드"와 같은 현지 정통 음식은 한번 시도해 볼만 하다.

야경

니스의 주요 광장은 대부분 구 시가지의 끝에 위치해 있다. 마세나 광장은 수많은 보행자로 늘 북적거려 사람들을 구경하기에 좋다. 밤에는 화려한 색감의 조명으로 밝혀진 광장과 현대적인 예술 조형물, 옛 분수 등을 보면서 매력에 빠질 수 있다.

전망

구 시가지의 남쪽 언덕에 오르면 최고의 전
망을 감상할 수 있다. 캐슬 힐은 유적지, 폭
포, 전망대가 있는 공원으로 변모하였다. 계
단을 직접 오르기도 하면서, 3월~10월 말까
지 운행하는 엘리베이터를 이용해 도시의
야경을 볼 수도 있다.

푸른색의 자전거 대여

온라인으로 등록하여 코드를 받아야 한다. 도시 곳곳에 위치한 대여 지점에서 이 코드를 입력하면 자전
거를 빌릴 수 있다. 산책로에 마련된 여러 상점을 통해 롤러스케이트도 대여가 가능하다.

니스 해변(Nice Beach)

니스를 상상한다면 가장 먼저 생각나는 것이 7㎞길이의 반달 모양처럼 구부러진 코발트빛의 해변이다. 니스 해변은 약 25개나 있고 대부분은 갈레^{Galet}라고 부르는 조약돌이 깔려 있다. 그래서 모래에서 즐기는 것을 상상했다면 실망할 수도 있다. 대부분의 사람들은 슬리퍼나 아쿠아슈즈를 신고 해변에서 다양한 해양스포츠를 즐긴다.

관광객이 많이 찾는 6~9월 사이에는 야외 샤워 시설과 임시 화장실이 설치되고 부표를 띄워 수영이 가능한 곳을 표시해 준다. 이때가 해변에서 가장 많이 분실사고나 소매치기가 발생하는 기간이기도 하다.

천사의 만(Bay of Angels)

콜린 성에서 바라보면 보이는 맑은 코발트 빛의 해변은 '천사의 만(Bay of Angels)'이라고 부르기도 한다. 3세기에 하나님에 대한 믿음이 부족하다는 죄목으로 체포되어 참수 당한 여인의 시체가 바다에 버려졌다. 그런데 여인의 몸이 해안가에 도착했는데 몸에 상처 없이 반듯한 시체를 보고 사람들은 기적이라고 생각했고, 이내 천사의 만(Bay of Angels)이라고 부르면서 지금에 이르고 있다.

니스 항구(Le Port)

올드 타운에는 요트들과 배들로 가득한 프랑스에서 2번째로 큰 니스 항구를 볼 수 있다. 림피아Lympia 항구라는 명칭이 있는 니스 항구Le Port에는 12개의 부두가 있는데, 현재 6개를 사용하고 있다. 16세기부터 이탈리아 제노바 공국이 점령한 영향으로 이탈리아의 제노바 양식의 건물들이 빼곡하다.

올드 타운(Old Town)

생생한 음식 시장, 좁은 골목길에서 만나는 북적이는 카페는 니스의 그림 같은 풍경 중 하나이다. 구 시가지를 여행하는 최고의 방법은 걷는 것으로 자동차는 대부분의 거리가 좁아서 힘들다. 트램과 버스를 비롯한 대중교통이 올드 타운 주변을 운행하지만 내부를 운행하지는 않는다.

캐슬 힐과 시내 중심 사이에 위치한 니스의 구 시가지는 파스텔 색감의 건물과 오래된 교회, 좁은 골목길로 대표되는 바닷가 동네이다. 거리는 다양한 숍과 레스토랑, 작은 광장, 사람들로 북적이는 카페로 가득 차있다. 매력적인 골목길을 거닐거나 광장에 있는 야외 카페에 앉아 사람들을 구경하며 하루를 보내는 여유를 누리는 것도 추천한다. 위를 바라보면 발코니 사이로 걸려 있는 빨랫줄과 열려진 창문 사이로 담소를 나누는 사람들을 볼 수 있는 곳이다.

해변과 영국인의 산책로에서부터 뻗어 있는 해변 거리에서 한 블록 떨어져 있다. 오래된 아치형 길 아래를 걷다 보면 카페와 레스토랑으로 둘러싸인 살레야 광장에 도달하게 된다. 매일 아침 신선한 식품과 꽃을 골라 보고, 월요일에는 벼룩시장에서 물건을 골라보자. 북적이는 인파를 피해 여유롭게 보려면 아침 일찍 도착하도록 하자.

피살리에디르(Pisaliedir)

레스토랑에서는 이곳만의 특별 음식인 니스 풍 샐러드나 멸치와 양파로 만든 타르트 "피살라디에르"를 만나보자.
골목길로 들어서면 더 작지만 덜 북적이는 식당을 발견하기도 한다.

로세티 광장(Roceti)

가장 유명하고 인기 있는 피노키오의 아이스크림을 사기 위한 긴 줄을 볼 수 있다. 상트 레파라트 성당(니스 성당)이라 불리는 성당이 바로 광장 맞은편에 있다. 1699년에 지어진 성당으로 빼어난 바로크식 외관으로 유명하다. 내부로 들어가면 영광의 레파라타 성인 유물을 감상할 수 있다.

라스카리 궁전(Rascar)

북적이는 루 드로이트의 라스카리 궁전은 대표적인 바로크식 건물로 유명하다. 궁전은 17세기와 18세기에 지어졌으며, 현재는 박물관으로 복원되었다.

마세나 광장(Place Masséna)

마세나 광장Place Masséna은 니스의 메인 광장으로 구시가지와 신시가지 사이에 위치해 있다. 트램 노선이 광장의 중앙을 통과하지만 모두 보행자 전용도로라 다양한 숍과 레스토랑으로 둘러싸여 있다고 볼 수 있다. 그랜드 애비뉴 장 메데신을 포함한 주요 블러바드의 교차로에 위치한다. 광장 주변 곳곳에 있는 카페에서 커피도 마시며 즐기는 사람들을 볼 수 있다.

광장 주변의 오래된 건물들은 전형적으로 모두 푸른색 문에 빨간색 페인트가 칠해져 있다. 돌로 된 커다란 아치형 길을 따라 숍과 레스토랑으로 이동할 수 있다. 갤러리 라파예트 등의 프랑스 최고의 유명 백화점에서 쇼핑도 할 수 있다. 곳곳에 있는 쇼핑과 분위기 있는 카페를 즐기기에 좋아서 항상 사람들로 북적인다.

광장의 한 쪽 코너에 있는 분수는 그리스 신화와 관련된 다양한 이야기를 담고 있다. 중앙에는 약 7m 높이의 아폴로 동상이 우뚝 서있다. 분수대 가장자리에 앉아 지나가는 사람들을 구경하거나 동상 앞에서 사진을 찍기도 한다.

스페인 조각가 '하우메 플렌사Haume Plensa'의 현대적인 조형물은 7개의 조각상에 밝은 색감의 조명이 들어와 밤이 되면 이곳에서 가장 눈에 띄는 작품이다. 트램의 선로를 따라 높다란 막대기 위에는 무릎을 꿇은 남자들의 조각이 놓여 있는데, 7개의 각 대륙을 상징한다. 광장 주변의 분수와 건물들에도 밤에는 조명이 밝혀진다.

12월에는 크리스마스 마켓이 열리며, 광장은 텐트와 크리스마스 트리, 대형 관람차로 가득 찬다. 7월 14일인 바스티유 날에 오면 군사 퍼레이드와 불꽃놀이를 볼 수 있다.

영국인의 산책로(Promenade des Anglais)

영국인의 산책로는 니스의 푸르른 해변을 따라 나있는 생동감 있는 거리이다. 낮이든 밤이든 길을 거닐면 천사의 만을 전망할 수 있으며 니스의 해변에 쉽게 도착할 수 있다. '영국인의 산책로'라는 이름은 1800년대에 추위를 피해 천사의 만에 몰려들었던 부유한 영국 여행객들 때문에 붙여졌다. 지금도 여전히 부유하고 유명한 사람들에게 인기 있는 장소이다. 가장 유명한 지역은 산책로의 동쪽 끝에 위치한 호화로운 벨에포크 풍 럭셔리 호텔 네그레스코 호텔이다. 눈에 확 띄는 흰색 외관과 분홍색의 돔 형식 지붕이 인상적이다.

5km로 뻗어 있는 보행자 길을 따라 흰색과 청색의 파라솔이 늘어져 있으며, 조약돌 해변과 푸른 바다가 펼쳐져 있다. 카페, 레스토랑, 고급 호텔들은 북적거리는 길 건너 반대쪽에 늘어서 있다. 아침에는 조깅, 자전거, 스케이트 등을 즐기는 사람들로 2m 폭의 산책로는 북적인다. 낮에는 해변과 카페를 오고가는 가족과 여행객들로 가득차고, 밤에는 낭만적인 산책을 즐기는 사람들이 매일 보인다.

쭉 이어지는 하나의 만이기는 하지만 영국인의 산책로에는 30개의 해변이 있다. 블루 비치와 같은 전용 해변에서는 파라솔과 일광욕 의자를 대여하는 데 조금 더 비싼 값을 지불해야 한다. 저렴하게 즐기고 싶다면 공공 해변에서 즐기면 된다. 보리바주 공공 해변은 동쪽에 위치한 인기 해변으로 화장실과 샤워 시설을 갖추고 있다. 해변은 사람들로 북적이기 때문에 조약돌 위에 안전하게 자리를 차지하려면 일찍 해변에 도착해 자리를 잡아야 한다.

콜린 성(Colline du Château)

'콜린 성'이라고 알려진 캐슬 힐Castle Hill은 구 시가지와 니스 항구를 구분해 준다. 이제는 이곳에 언덕에 성이 있는 것은 아니지만 이곳에서 바라보는 니스의 전망은 환상적이다. 시내와 바다, 역사적인 유적지, 여름의 무더위를 피해 찾아가는 한적한 장소까지 좋다.

언덕에 올라 니스 최고의 전망과 천사의 만을 감상할 수 있다. 전망대에서 도시 전체를 감상하면서 해변과 반짝이는 지중해를 바라보는 행운을 얻을 수 있다. 언덕은 인공 폭포, 오래된 유적지, 놀이터, 다양한 전망대로 구성된 공원으로 변모하였다. 여름에는 카페가 운영되기도 한다.

걸어서 정상에 올라가면 환상적인 전망과 오르는 길에 만날 수 있는 휴식 공간으로 땀을 흘린 만큼의 보상을 받을 수 있다. 산책길 끝에서부터 벽돌로 된 계단이 시작되는 데, 213개의 계단을 오르면 해양 박물관 꼭대기에 있는 전망대에 도착하게 된다. 편안한 신발과 물병을 가지고 출발하는 것이 좋다.

언덕은 도시의 원래 지역에 남아 있지만, 대성당과 중세 요새는 1706년에 해체되었고, 일부 유적들은 남아 보존되고 있다. 언덕에는 또한 수세기 역사를 지닌 묘지도 있는데, 내부에 들어가 정교한 묘와 묘석을 구경할 수 있다.

올라가는 가장 쉬운 방법

봄부터 가을까지 운영되는 엘리베이터를 이용하는 것이다. 오르는 길의 3/4 지점인 주차장 지역까지만 연결되는 아쉬움은 있다. 추가 요금을 지불하면 영국인의 산책로에서 시작하는 관광 열차도 이용할 수 있다.

주의사항

지도를 꼭 지참하는 것이 좋다. 아니면 길을 잃을 수도 있기 때문이다. 오후 5시에는 멈춰버리는 인공 폭포도 감상 포인트이다.

마르크 샤갈 미술관(Mus e National Marc Chagall)

마세나 광장에서 15번 버스를 타면 곧 샤갈 미술관에 도착하게 된다. 처음 니스에서 샤갈 미술관에서 본 샤갈의 작품들을 아직도 잊지 못할 정도로 미술관에는 다양한 작품이 전시되어 있다. 특징적인 것은 종교적인 작품만 전시해 놓았다는 것이다. 1966년 프랑스 정부에 기증한 작품들은 약 450여 작품으로 인간의 창조, 노아의 방주 등이 가장 유명하다.

샤갈은 유대인으로 태어나 탄생, 결혼, 죽음을 강렬한 빨강, 파랑, 초록의 색으로 형상화하였다. 유대인의 종교인 하시디즘의 영향으로 동물을 형상화하여 사람과 사물에 들어가는 모습 등 다양한 작품으로 표현하였다.

1957년부터 스테인드글라스와 모자이크 작품에 매료된 샤갈은 직접 만든 스테인드글라스를 미술관에 만들었다. 미술관에서 보는 또 다른 즐거움이다. 전시관 입구부터 대형작품으로 표현해 놓았다. 2번째 방에는 아가서를 주제로 5개의 작품들이 전시되어 있다.

홈페이지_ en.musees−nationaux−alpesmaritimes.fr/chagall   **주소_** Avenue Docteur Ménard, 06000
시간_ 10~18시(5~10월, 수~월요일 / 이외 기간은 17시까지 / 12월 24, 31일은 16시까지)
요금_ 10€(학생은 8€, 18세 미만은 무료 / 매월 첫 번째 일요일 무료) **전화_** 553−8140

La ville de Nice, en collaboration
avec le musée national Marc Chagall, vous accompagne

Sur les pas de
Marc Chagall

Musée Marc Chagall
par Bd de Cimiez →

Marc Chagall (1887-1985), Avenue de la Victoire à Nice, lithographie de la série Nice et la Côte d'Azur, 1967,
lithographie d'interprétation exécutée par Charles Sorlier sous la direction de Marc Chagall (CS 31), imprimée chez Mourlot,
collection particulière. Photo : Archives Marc et Ida Chagall, Paris © Adagp, Paris, 2020

Montpellier

몽펠리에

Montpellier

몽펠리에

몽펠리에Montpellier에는 프랑스에서 가장 오래된 식물원과 가장 오래된 대학교가 있다. 남부에 위치한 지리적 특성 때문에 몽펠리에Montpellier는 일반적인 중세 프랑스 도시와 다른 환경을 가졌다. 중세시대의 무역과 대학교의 중심지였던 프랑스 마을은 지중해로 쉽게 진출할 수 있는 위치에 있다. 도시 건물을 보면 스페인의 영향을 받았고, 지중해에서 잡은 싱싱한 생선을 맛보고 남쪽의 해변에서 일광욕을 즐길 수 있다.

성장하는 몽펠리에

몽펠리에는 프랑스에서 급성장하는 도시 중 하나로, 인구의 25%는 학생층이다. 보행자 구역인 구시가지는 석조아치와 멋있는 저택들이 어우러져 있어 산책하기에 좋은 곳이다. 가장 가까운 해변이 12㎞ 정도 떨어져 있다. 몽펠리에에서 인기가 있는 6월 연극제와 국제 댄스페스티벌이 열린다.

한눈에 몽펠리에 파악하기

오페라 하우스와 인접한 중앙 공원 코메디 광장에서 대부분의 관광객은 몽펠리에 여행을 시작한다. 세계적인 공연을 관람해도 좋고 밤에는 보라색 네온 등 불빛을 받아 대형 유리창이 반짝거리는 19세기 건물을 감상하는 것도 추천한다.

몽펠리에Montpellier 역사 지구에서 동쪽으로 몇 블록만 걸어가면 최근에 개발된 앙티곤 Antigon 지구가 나온다. 앙티곤은 1979~2000년에 스페인 카탈루냐 출신의 유명 건축가,

라카르도 보필의 지휘 하에 완전히 재개발되었다. 거대한 신고전주의 건물의 백미는 레즈 강을 따라 유려한 곡선을 그리는 원형 극장, 에스플라나데 델유로페Esplanade de l'Europe이다. 여름에는 광장에서 금요일 저녁마다 와인 시음회가 열리기도 한다.

역사와 예술을 장려하는 전통을 가진 몽펠리에Montpellier 곳곳에 흥미롭고 인상적인 문화 관광지가 많이 있다. 1593년에 세워진 식물원은 프랑스에서 가장 오래 되었으며, 파리의 쟈뎅 드 플랑트 디자인에 영향을 주었다.

파브르 미술관에는 프랑스 유명 화가들의 다양한 그림 컬렉션을 포함하여 고전 유럽 미술품 컬렉션이 전시되어 있다. 몽펠리에 대성당 내부에는 몽펠리에 출신의 화가 중에 유명한 세바스티앙 부르동의 작품이 전시되어 있다. 버스터미널은 기차역 남서쪽에 있다. 2층으로 된 기차역은 코메디 광장 남쪽 500m 정도 떨어져 있다.

오페라 베를리오즈-르 콜랑

콩코드 광장

갤러리 오페할리에

몽뿔리리에

기차 역

관광청 사무소

라 파네세

마르크 성당

피롱트 바

카페 생트 엔
현대미술관

몽뿔리에 대성당

몽뿔리에 식물원

페이루 성당

생클레멩 수로

코메디 광장(Place de la Com die)

중앙역인 Montpellier Saint-Roch 역이 바로 옆에 위치한 코메디 광장Place de la Comédie은 250년이 넘는 세월 동안 몽펠리에의 중심지 역할을 해 왔던 장소로, 현지인들은 타원형 모양 때문에 광장을 '달걀'이라고 부르기도 했다. 유럽 최대의 보행자 전용 광장에서 커피를 즐기고 오페라를 감상하고 음식과 패션 쇼핑에 나서는 현지인들을 볼 수 있다.

코메디 광장Place de la Comédie은 몽펠리에 중심부에 위치한 타원형 광장으로 보행자 전용으로 운영되는 광장은 만남의 장소로 인기가 높으며, 주변에는 오페라 하우스를 포함한 웅장한 19세기 건물이 늘어서 있어서 운치가 있다.

광장의 중앙에는 '삼미신' 분수가 있는데, 그리스 신화의 매력, 미모, 창조력을 상징하는 3명의 여신을 통통한 아기 천사가 둘러싸고 있는 모습이다. 햇볕이 뜨거운 날에는 분수대에 발을 담그고 더위를 식히고, 밤에는 불 밝힌 분수대의 모습이 화려하다.

웅장한 19세기 건물인 코메디 오페라에서는 클래식 공연이 열린다. 거대한 아치형 창과 기둥을 갖춘 우아한 파사드를 보면 콘서트를 감상하고 싶은 마음이 생겨난다. 광장으로 쏟아져 나온 비스트로와 레스토랑의 야외 좌석에 앉아 점심을 즐기는 것도 좋은 방법이다. 밤이 되면 레스토랑에서 식사를 하거나 분위기를 즐기는 사람들로 광장이 북적이면서 연주를 하는 거리의 악사들을 볼 수 있다.

오페라 극장(Opéra Orchestre National de Montpellier Languedoc-Roussillon)

코미디 광장에 위치한 19세기 후반에 지이진 오페라 하우스에서 오페라, 발레, 클래식 음악을 즐기며 즐거운 저녁 시간을 보낼 수 있다. 웅장한 정면을 갖춘 극장은 1755년에 설립된 오페라 회사(Opéra National de Montpellier Languedoc-Roussillon)의 주 공연 장소였다. 오페라 극장은 5층 규모의 총 1,600명의 관객을 수용할 수 있는 프랑스 최고의 오페라 하우스로서 세계적인 작곡가들의 작품을 소개하는 오페라와 클래식 음악 콘서트를 주최하고 있다.

장식용 난간과 시계가 걸려 있는 멋진 외관을 보면서 극장의 웅장한 로비 안으로 들어가면 프레스코화를 볼 수 있다. 강당 안에는 고개를 들어 천장화와 화려한 크리스털 샹들리에를 구경할 수 있다.

극장 무대에서는 모차르트, 베르디, 푸치니를 비롯한 세계적인 작곡가들의 오페라 공연이 펼쳐지는데, 대부분의 공연은 원어로 이루어지고 대형 화면 하단에 프랑스어로 자막이 표시된다. 주 오페라 시즌은 11월부터 다음해 5월까지로, 8월에는 공연이 열리지 않는다.

파브르 박물관 (Musée Fabre)

몽펠리에에서 가장 중요한 18세기 저택에 전 세계의 유명 화가와 화파들의 작품을 전시한 미술관인 예술박물관은 프랑스에서도 손에 꼽히는 박물관이다. 조각, 회화, 데생을 비롯한 5천여 점의 작품이 전시되어 있다.

미술관은 프랑스의 화가 프랑수아 사비에 파브르Sabie Fabre가 1825년에 몽펠리에에 기증한 작품으로부터 출발했다. 오늘날에는 14~18세기 중기까지의 유럽 회화와 17세기 플랑드르, 네덜란드 화가들의 작품을 비롯해 다양한 시기와 양식의 작품으로 컬렉션이 확장되었다.

1775년에 지어진, 9,200㎡에 걸친 건물에 자리하고 있는 박물관은 시대 가구로 꾸며진 전시실을 둘러볼 수 있다. 누드, 영웅, 꽃, 천사, 악마 등의 주제에 따라 감상하는 것이 좋은 방법이다.

19세기 인상주의의 대표 화가인 프랑스의 화가 프레데리크 바지유의 작품도 전시되어 있다. 그리스를 비롯한 유럽의 도자기 컬렉션과 20세기 중반에 파리 화파로부터 시작된 추상 미술도 흥미롭다. 동시대 미술 구역에는 현대적인 작품을 감상할 수 있다. 귀스타브 쿠르베의 〈안녕하세요 쿠르베씨〉, 프레데리크 바지유의 〈마을의 전경〉, 프랑수아 레옹 베누비에의 〈아킬레스의 분노〉, 피에르 술라주의 검정 캔버스 작품이 유명하다.

///

홈페이지_ museefabre.montpellier3m.fr   **주소_** Bonne Nouvelle, 34000
시간_ 10~18시(월요일 휴무 / 1/1, 5/25, 11/11, 12/25 휴관)   **전화_** 0467-148-300

페이루 광장(Place Royale du Peyrou)

'돌'이라는 뜻의 '페이루'라는 이름은 루이 14세의 기마상을 놓기 위해 17세기 말에 만들어진 광장으로 다빌리에는 피레네 산맥의 돌산에서 영감을 받아 조성하였다.

광장 입구에는 개선문이 보이는 데, 다빌리에가 직접 설계한 것이다. 현재는 1981년에 보수공사로 깨끗한 공원이 조성되고 옆에는 수로교까지 볼 수 있어 데이트를 즐기는 모습을 쉽게 볼 수 있다. 레즈강에서 몽펠리에까지 약 7㎞지점의 물을 공급했던 수로교가 인상적이어서 해지는 모습을 담기 위해 사람들이 모인다.

주소_ Place Royale du Peyrou, 34000

> 벼룩시장
>
> 일요일마다 열리는 벼룩시장은 수로교 아래에 서는 데 젊은이들이 쓰다가 필요없는 물건들을 들고나와 의외로 활용성 높은 물품들이 많이 나오는 곳으로 유명하다. 7시 30분~17시 30분까지 열린다.

몽펠리에 대성당(Cath drale Saint-Pierre de Montpellier)

몽펠리에 대성당은 구시가지 한복판에 위치한 웅장한 14세기의 고딕 성당으로 요새를 떠올리게 하는 중세 성당의 외벽 안에는 18세기의 아름다운 오르간과 성서 미술품들로 장식되어 있다.

공식 명칭은 'Cathédrale Saint-Pierre de Montpellier'이며 1536년에 대성당이 된 성당은 크고 작은 탑과 성벽을 갖춘 성당 건물로 중세 요새의 모습과 흡사하다. 성당은 종교전쟁 당시 크게 훼손되었지만 역사 지구에서 유일하게 전쟁에서 살아남은 유일한 성당이라서 17세기에 재건축되었다.

안으로 들어가기 전에 인상적인 외벽을 보면 17세기와 19세기에 새겨진 괴물 석상을 볼 수 있다. 2개의 거대한 기둥이 지탱하고 있는 아름다운 현관은 1367년에 성당을 헌사한 교황 우르바노 5세Urban V의 문장이 걸려 있다.

내부의 벽에 걸려 있는 많은 미술품 중에 가장 유명한 작품은 세바스티앙 부르동Sebastien Bourdon이 17세기에 그린 시몬의 몰락Fall of Simon Magus이다. 성경의 여러 장면들이 화려하게 묘사되어 있는 스테인드글라스 창문을 보면, 아치형 천장과 돌로 만든 웅장한 아치형 복도가 넓은 내부를 만들어내는 것을 알 수 있다.

1776년에 제작된 인상적인 오르간은 겉으로는 140개의 파이프만 보이지만 내부에 5,000개가 넘는 파이프가 있다. 다섯 개의 오르간 터릿 각각은 악기를 연주하는 천사의 조각상으로 장식되어 있다. 성당에서는 6~9월까지 매주 토요일마다 프랑스와 세계 각지의 연주자들을 초청하여 무료 오르간 콘서트를 주최하고 있다.

홈페이지_ www.cathedrale-montpellier.fr　**주소_** 6 Bis Rue de-l'Abbe-Marcel-Monteis, 34000
전화_ 0467-660-412

몽펠리에 식물원(Jardin des plantes de Montpellier)

코메디 광장 북서쪽으로 1km 거리에 위치하고 있는 몽펠리에 식물원Jardin des plantes de Montpellier은 도시 중심부에 4.5ha의 부지 위에 자리 잡고 있다. 몽펠리에 식물원Jardin des plantes de Montpellier은 자연의 아름다움을 만끽할 수 있는 장소로 1593년 개관한 이래 유럽에서 가장 오래된 식물원으로 자리매김했다. 2,500여 식물종과 연못, 수목원과 조경 정원을 갖추고 있고, 몽펠리에 1대학 부속인 식물원은 연구와 학문 목적으로도 사용되고 있다.

정원을 둘러보려면 최소 2시간 정도 여유를 가지고 돌아보자. 리셰의 산이라 불리는 가장 오래된 구역에는 필리레아 나무와 설립자에 의해 심어진 유다 나무를 볼 수 있다. 수목원에는 1700년대에 심어진 은행나무와 250년 된 올리브 나무도 있다.

열대 온실

거대한 수란을 비롯하여 이국적인 식물종은 대나무 숲을 거닐다 조경 정원의 대형 연못 옆에서 휴식을 취하는 것도 좋다. 유유히 헤엄치는 일본산 잉어와 거북이를 구경하고, 작은 온실에서 선인장을 둘러보자.

시스템 스쿨(Systematic School)

지역의 의료 연구가들의 흉상이 전시된 모습과 정원이 처음 만들어지던 때에 존재해 온 석조 구조와 꽃으로 뒤덮인 기둥, 아치를 볼 수 있다.

홈페이지_ www.umontpellier.fr/patrimoine/jardin-des-plantes **주소_** Boulevard Henri IV, 34000
시간_ 12~20시(6~9월 월요일 휴무 / 이외 기간에는 18시까지)

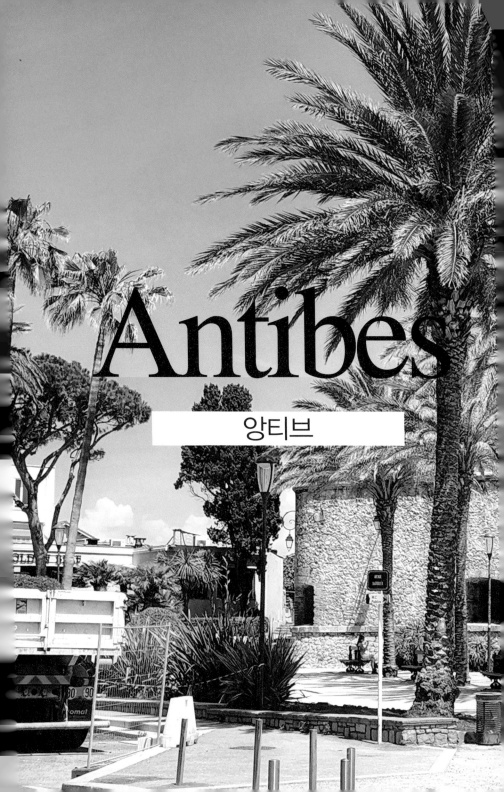

Antibes

앙티브

앙티브

수십 개의 해변이 있기 때문에 사람이 많아서 문제가 될 일이 거의 없으며 수많은 박물관 덕분에 도시는 연중 내내 관광객과 주민들이 같이 살아간다. 지중해의 전망을 즐기며 예쁜 정원과 공원 안을 거닐면서 파블로 피카소가 잠시 동안 집으로 삼았던 도시의 박물관, 교회, 유적지를 볼 수 있다. 다음으로 해변으로 향해보자.

남프랑스에서 앙티브(Antibes)의 위치

앙티브Antibes는 작은 마을과 같지만 다양한 문화 명소와 찬란한 해변은 프랑스 리비에라의 왕좌를 두고 니스, 칸과 경쟁할 정도로 볼거리가 많다. 앙티브Antibes는 예술 문화와 매혹적인 그리스, 로마의 역사가 어우러진 프랑스 리비에라의 매력을 지니고 있다.

간략한 앙티브의 역사

'앙티폴리스Antipolice'라는 이름의 그리스 식민지로 시작하여 결국에는 로마 제국의 일부가 되었다. 교역이 앙티브Antibes의 역사에서 중요한 역할을 했었지만 20세기 전반기에 새로운 시대가 막을 열었다. 찰리 채플린, 마를렌 디트리히, F. 스콧 피츠 제럴드 등 유명 인사들의 멋진 휴가지로 떠오르면서 남프랑스의 핵심 지역으로 떠올랐기 때문이다.

이동하는 방법

앙티브는 칸에서 바로 동쪽, 니스에서 남서쪽의 프랑스 남부 해안에 있다. 항공편을 이용해 니스 코트다쥐르 공항까지 간 다음 남쪽으로 19.3㎞ 운전해 가면 앙티브에 도착할 수 있다.

한눈에 앙티브 파악하기, 동쪽과 서쪽

앙티브는 서쪽의 쥐앙 레 뺑 비치 지역을 포함하여 두 부분으로 나뉜다. 호텔과 야자수가 백사장과 따뜻한 바닷물을 따라 늘어서 있다. 이 지역에는 주앙 레 펭 팔레 데 콩그레의 특별한 건물들이 인상적이다. 현대적인 디자인, 계란형 구조, 망사 캐노피를 감상하고 밤에 조명이 밝혀진 모습은 저녁에도 산책을 하는 사람들이 쉽게 다닐 수 있도록 만들었다.

도시의 동쪽에는 18세기에 복원된 이탈리아 양식의 붉은색과 흰색 외관이 인상적인 앙티브 성당이 있다. 옆에 있는 건물은 스페인 화가가 1946년에 6개월 동안 머물렀던 성 안에 자리한 피카소 박물관이다. 피카소의 회화, 드로잉과 다른 예술가의 작품이 전시되어 있다.

아이들과 가족이 함께 즐기는 모습을 쉽게 볼 수 있는 앙티브 랜드는 롤러코스터와 어드벤처 리버 등의 놀이기구로 가득하다. 뜨거운 여름철에는 대형 워터 파크, 아쿠아스플래쉬에서 피서를 즐기기도 한다.

동쪽

서쪽

Marseille

마르세유

Marseille

마르세유

프랑스 남부의 항구 도시, 마르세유는 아름다운 해안과 카페로 기억할 수 있지만 무려 2,600년에 이르는 오랜 역사를 가진 프랑스 최고(古)의 도시이다. 역사와 예술, 건축과 카페 문화가 살아 숨 쉬는 마르세유는 눈부신 지중해 해안을 따라 아름다운 관광지들과 햇살 가득한 해변도 있지만 하이킹 코스까지 있어 장기간 휴양하는 프랑스 사람들이 많다.

연중 300일이 화창한 날씨

남부 지중해 연안에 위치한 프랑스 최대의 항구 도시이자 2번째로 인구가 많은 도시인 마르세유Marseille는 1년 내내 햇빛으로 가득한 기후와 뛰어난 자연 유산을 자랑한다. 끝없이 펼쳐진 바다와 가파른 절벽Calanques de Marseille들은 국립공원으로 지정되어 있어 자연 그대로의 모습을 보존하고 있다.

간략한 마르세유 역사

기원전 600년, 그리스 포세아Phosée인들이 정착하여 세운 항구 도시는 오늘날 거대 규모의 항만시설을 완비한 유럽 해상무역의 중심지로 발전하였다. 도시 곳곳에 2,600년이 넘는 역사의 흔적이 남아있어 옛 모습과 현재의 모습이 어우러진 아름다운 풍경과 풍부한 볼거리를 제공하며 북아프리카, 이탈리아 등의 이민자 역사가 깊어 이국적이고 다양한 문화를 접할 수 있다.

한눈에 마르세유 파악하기

북적이는 마르세유의 중심, 구항에서 관광을 대부분 시작한다. 카페 주인들이 심혈을 기울여 예술의 경지로 끌어올린 커피와 브런치를 즐기는 사람들을 구항에서는 쉽게 볼 수 있다. 구항 바로 북쪽에 자리 잡은 구시가지인 파니에르를 따라 걸으면 마르세유의 매력에 빠져 들게 된다.

비에이 샤리테 박물관을 관람한 후 웅장한 바로크 양식의 시청 건물을 지나 구항 북쪽에서 미니 열차인 쁘티 트레인Petit Train을 타고 노트르담 드 라 가르드 성당으로 가면 도시의 절묘한 전경이 선물처럼 눈앞에 펼쳐진다.

카네비에르 거리 주위에는 많은 미술관과 극장, 웅장한 마르세유 오페라하우스를 볼 수 있다. 노아이유 지구에 위치한 중동 분위기의 아프리카 시장에서 색다른 경험을 즐길 수 있다.

칼랑크 국립공원에는 남부 해안의 석회암을 따라 하이킹과 뱃놀이를 즐길 수 있는데, 구항에서 배에 올라 가이드 투어에 참여하면 과거에 수용소로 사용되었고, 알렉상드르 뒤마의 〈몬테크리스토 백작〉으로 유명해 진 '샤토 디프 섬Shateau Diff Island'로 갈 수 있다.

도시 한가운데, 솟아 있는 산 위로 성당이 자리한 신비로운 분위기에 둘러싸인 마르세유는 오랜 역사와 화려한 문화유산으로 유럽 문화의 중심으로 선정되기도 했다. 하루를 머물면 서 천천히 도시를 둘러보면 어느 하나 그냥 지나칠 수 없다.

가는 방법

리옹 역에서 테제베(TGV)를 이용하고 마르세유 역까지 3시간이 소요된다. 항공을 이용하 면 파리 샤를드골 공항이나 오를리 공항에서 약 1시간이 소요된다.

항구에서 60번 버스를 타고 15분 정도 가파른 언덕을 오르면 마르세유가 한눈에 들어오는 장소가 있다. 북쪽으로 끝없이 펼쳐진 시가지와 은빛 축구장인 스타드 벨로드롬Le Stade Velodrame이 크게 자리하고 있다. 남쪽으로는 '몬테크리스토 백작'의 배경이 되었던 이프 섬 이 지중해 위에 떠 있다.

구 항구(Vieux Part)

마르세유의 구시가지와 노트르담 드 라 가르드 성당 중간에 자리한 오래된 항구는 수백 년 동안 맛있는 커피와 해산물이 거래되던 장소로 지중해와 도시의 아름다운 전경을 감상할 수 있다. 북적북적한 산책로와 수백 년의 지중해 역사로 가득한 마르세유의 아름다운 구항으로 여행을 떠나보자.

산책로를 따라 늘어서 있는 카페에서 아침 식사를 하고나서, 북쪽에 자리한 카페에서 남쪽의 노출된 광맥 위로 장엄하게 솟은 아름다운 노트르담 드 라 가르드 성당을 보는 것은 장관이다. 식사를 끝낸 후에 구항의 2600년 역사를 간직하고 명소를 둘러보고, 항구 입구를 지키고 있는 요새는 프랑스 왕정 시대에서 그 전까지 거슬러 올라간다. 12세기에 세워진 북쪽 입구의 생장 요새에는 유럽과 지중해 문명 박물관이 자리하고 있다.

구 항구는 마르세유의 중심으로 남쪽의 버스 터미널에서 마르세유 전역으로 출발할 수 있고, 보트를 타고 칼랑크 국립공원으로 향해 아름다운 석회암 절벽을 감상하는 것도 쉽다. 구항은 카네비에르 거리와도 가깝고, 미술관과 화려한 극장들이 늘어선 카네비에르에는 마르세유 관광객 센터도 위치하고 있다.

바실리크 노트르담 드 라 가르드(Basilique Notre-Dame de la Garde)

마르세유에서 가장 높은 162m의 라 가르드에 위치한 19세기 로마 비잔틴 바실리카는 마르세유의 상징과도 같은 건축물이다. 구항구에서 1㎞ 정도 떨어진 곳에 있는 가파른 산책로를 올라가면 12m 높이의 대좌에 있는 높이 9.7m의 금박으로 장식된 상을 받치고 있는 성당 꼭대기를 볼 수 있다. 성당 꼭대기에서는 마르세유를 볼 수 있는 360도 전경을 제공한다.

13세기 작은 예배당으로 시작해, 16세기 요새에 세워진 바실리카 노트르담 성당은 색채의 대리석을 사용해 뛰어난 비잔틴 모자이크로 변화되었다. 16세기에 프랑수아 1세가 지시해 만들어진 성당은 19세기 1853년부터 10년 동안 개축을 거쳐 지금의 신 비잔틴 양식으로 만들어졌다. 라 본 메르The Good Mother의 보호 아래 항해하는 배를 묘사한 벽화로 장식된 좋으신 어머니, 성모 마리아의 뜻으로 지금은 애칭이 되어버렸다.

//

홈페이지_ www.notredamedelagarde.com
주소_ Rue Fort du Sanctuare, 13281 (60번 버스나 관광열차를 이용하면 쉽게 도착할 수 있음)
시간_ 7~20시(4~9월, 이외는 8시부터), 10~3월 오후 7시   전화_ 0491 – 134 – 080

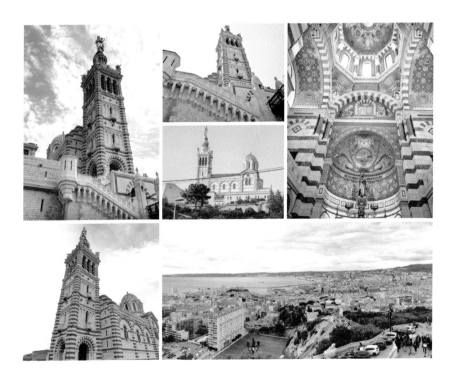

구 시가지(Le Panier)

마르세유의 가장 오래된 숙소가 있는 장소로 마르세유의 2구를 말한다. 바스켓이라는 이름의 애칭으로 불리는데, 원래 그리스 정착촌의 장소이며 가파른 거리와 건물로 별명을 얻었다. 가깝고, 마을 같은 느낌, 예술적인 분위기, 시원한 숨겨진 광장, 햇볕이 가득한 카페는 구시가지에서 쉽게 느낄 수 있는 장면이다. 2차 세계대전 파괴 후 재건된 차로들의 혼란은 장인들의 가게들이 버티고 있는 모습이다.

11세기 아쿨의 성모 성당이 13세기에 다시 재건되면서 마르세유 활동의 중심지가 되었지만 19세기에 다시 보수되기에 이른다. 1943년부터는 시청으로 사용되고 있는 서당은 1535년 고딕과 르네상스 양식이 섞인 오래된 건축물로 지금은 호텔로 사용되고 있다.

//

주소_ 13002Marseille
이동방법_ M 1 Vieux-Port이나 M 2 Noailes에서 하차

이프성(Ch teau d'If)

마르세유의 비유 항에 접근하기 위해 이동하면 보이는 작은 섬이 있다. 섬의 성은 알렉상드르 뒤마의 1844년 고전에서 불멸의 존재가 되었다. 몬테크리스토 백작혁명의 영웅 미라보와 1871년의 공동체를 포함한 많은 정치범들이 여기에 수감되었다.

소설 속의 주인공 에드몽 단테스는 결혼을 위해 마르세유에 돌아왔다가 억울한 누명을 쓰고 14년 동안 이프^{If}의 감옥에 갇힌다. 감옥 속에서 만난 죄수로부터 몬테크리스토 섬에 숨겨진 보물을 알게 된 에드몽^{Edmont}은 섬을 탈출한 뒤 몬테크리스토 백작으로 변신하여 희대의 복수극을 벌인다.

이프 섬은 원래 항구를 방어하기 위한 요새였지만 별다른 전투를 치른 적은 없다. 대신 감옥으로 바뀐 뒤 면화가 완전히 금지된 중 범죄자를 수용하면서 악명을 떨쳤다. 그중 에는 수천 명의 신교도들과 프랑스혁명 참여자들도 있었다. 다만 섬 자체를 제외하고는 볼 것이 별로 없지만, 성에서 보는 항구의 경치는 아름답다. 프리울 콰이 드 라 프레테르니테에서 보트가 운행되고 있다.

홈페이지_ www.frou-if-express.com **시간_** 10~18시(4~9월 / 이외는 17시까지)
요금_ 6€(학생증 소지자와 65세 이상 5€) **전화_** 060-306-2526

마르세유 비누(Savon de Marseille)

프랑스 인들에게 만능 제품처럼 통하는 비누가 있다. 400년이 넘는 전통의 마르세유 비누 (Savon de Marseille)는 오래전부터 전 세계적으로 유명하다.
색소나 향을 첨가하지 않고 72%의 천연오일을 함유한 저자극 식물성 비누는 옷 세탁, 집안 청소에도 효과적이다.

사봉 드 마르세유 올리브 오일 (오리지널)

사봉 드 마르세유 올리브 오일 (하드밀)

사봉 드 마르세유 팜유 비누

으깬 꽃이 있는 사봉 드 마르세유(모도나무)

부야베스(Bouillabaisse)

마르세유의 유명한 전통 요리로 부야베스 (Bouillabaisse)를 꼽는다. 어부들이 팔고 남은 생선과 해산물로 끓여 먹던 것으로부터 비롯되었다는 부야베스(Bouillabaisse)는 마늘빵과 매콤한 소스를 곁들여 먹는다.

프랑스 국가, 라 마르세예즈('La Marseillaise)

호전적인 가사가 인상적인 프랑스 국가, '라 마르세예즈(La Marseillaise)'의 제목은 마르세유와 밀접한 관련이 있다.

1792년 공병 대위였던 루제 드 리슬(Rouget de Lisle)이 스트라스부르에서 작곡한 이 곡은 본래 '라인군을 위한 군가 (Chant de guerre pour l'armée du Rhin)'라고 불렸는데, 프랑스 혁명정부가 오스트리아에게 선전포고를 하여 출정 부대를 응원하기 위해 만든 것이었다.

같은 해 일어난 튈르리 궁 습격 당시, 마르세유에서 출발해 파리에 입성한 마르세유 의용군이 이 곡을 크게 부르고 돌아다니면서 곡의 제목이 라 마르세예즈(La Marseillaise)로 바뀌었다고 전해진다.

마르세유의 해변

프라도 해변

구항 남쪽으로 버스로 20분 거리에 위치해 있는 프라도 해변은 마르세유 최고의 여름 해변에서 따뜻한 백사장에 누워 낮잠을 자고, 지중해에서 제트 스키를 즐기는 사람들을 볼 수 있다. 아름다운 프라도 해변에서 더위를 식히고 반짝이는 바다를 배경으로 음료를 마신 후 해변 산책로를 따라 조용한 산책을 즐긴다. 또한 젊은이들은 윈드서핑, 카약, 스노클링을 즐긴다.

마르세유가 해변 휴양지로 유명해진 것은 그리 오래된 일이 아니다. 프라도 해변을 비롯한 여러 해변들은 주민들이 손쉽게 바다를 즐길 수 있도록 1970년대에 조성되었다. 지금도 프라도 해변과 인근의 정원에서 주민들과 관광객들은 야외 공간에서 여유를 즐긴다. 여름철에는 산책로에서 윈드서핑 보드, 카약 및 스노클링 장비를 대여하여 바다로 뛰어들어 경험해 보는 것도 좋다. 해변 경기장에서는 연중 비치 럭비와 배구, BMX 자전거를 즐기는 것을 볼 수 있다.

지중해 해안선을 따라 26ha 만큼 뻗어 있는 발네르 공원에서 산책을 즐기도록 조성해 놓았다. 이곳에는 스케이트 공원이 마련되어 있으며, 미켈란젤로의 다비드상 복제품도 볼 수 있다. 프라도 해변에는 9월에 10만 명이 넘는 연 제작자들이 애호가들과 함께 '바람의 축제'가 열린다.

볼리 비치

내리쬐는 지중해의 햇살은 바다로 나가 마르세유 남부 해안의 아름다운 경관을 즐기도록 만든다. 볼리 비치의 아름다운 산책로와 눈부신 백사장에서 가족이나 친구들과 함께 여름 햇살을 즐기는 것을 추천한다. 해변의 식당과 바에서 음식과 음료를 즐기고 인근 보렐리 공원으로 산책을 가는 것도 좋다.

여름에는 해변에서 해수욕을 즐기고 탁 트인 해변에 누워 태닝을 하거나, 해변 의자와 파라솔을 빌려 바닷바람을 벗 삼아 독서를 즐기는 장면이 인상적이다. 보트를 대여하여 파도의 부드러운 움직임을 느끼며 마르세유의 아름다운 해안선 위로 튜브에 몸을 맡기고 바다로 뛰어드는 것을 보면 같이 뛰어들고 싶다.

> **해변에서 즐거운 하루 보내기**
> 물속에서 즐거운 하루를 보낸 후에는 해변 산책로를 따라 늘어선 부티크와 식당, 바를 찾아가 야외 테라스에 앉아 지중해 수평선 너머로 태양이 지는 보습을 바라보며 음료를 즐겨 보자. 친구들과 마르세유의 유명한 해산물 요리와 크레페를 즐기며 하루를 마무리하는 것도 좋다.

보렐리 공원

마르세유 최고의 공원이자 프랑스에서도 손꼽히는 정원으로 꽃향기를 즐기고 예술 작품도 같이 즐길 수 있다. 보렐리 공원에서 아침 산책과 즐거운 소풍, 지중해의 아름다운 일몰까지 하루를 온전히 즐기는 경험은 특별하다. 17ha에 이르는 공원 안에 위치한 샤토 보렐리와 이엠헤켈 식물원 등의 볼거리가 있다.

공원 동쪽으로는 호수를 둘러싸고 있는 영국식 원형 정원이 조성되어 있다. 자전거를 대여하여 공원의 수많은 산책로를 둘러보고, 호수에서 오리와 백조에게 먹이를 주는 장면을 볼수 있다. 도시락을 준비해 와 공원의 정취를 즐기는 장면을 보면 여유롭다는 표현에 적합한 공원이라는 것을 알 수 있다. 공원 동쪽 끝으로는 이엠헤켈 식물원이 자리하고 있다. 중국과 남아프리카를 비롯한 여러 국가에서 수집된 3,500여 종에 달하는 식물들의 빛깔과향기를 즐기도록 조성되어 있다.

Aix-en-Provence

엑상프로방스

Aix-en-Provence

엑상프로방스

프랑스 남동부 프로방스 지역에 위치한 엑상프로방스는 약 15만 명이 사는 도시로 부유하고 낭만적이다. 날씨가 좋고 분수가 많아서 천천히 걸어 다니면서 사색하기 좋은 프로방스 마을로도 프랑스에서 알려진 작은 도시는 세잔이 말년을 보내면서 문화적으로 다양한 행사가 많다.

이름의 유래와 간략한 역사

도시의 이름은 원래 '엑스Aix'라고 불리웠다. 'Aix'는 라틴어로 '물'을 뜻하는데, 엑상 프로방스Aix-en-Provence는 물이 많이 나오는 도시라는 의미이다.

기원전 122년년에 가이우스 섹스티우스 칼비누스Gaius Sextius Calvinus의 로마 군부대가 주둔지로 사용하면서 도시가 형성되기 시작했다. 이후 도시에 온천이 있다는 사실이 알려지면서 유명해지기 시작했다. 20세기 초에 세잔이 말년을 보내는 것이 알려지며 문화도시 이미지가 더해지면서 건축, 오페라, 연극, 프로방스의 대극장 등을 비롯한 다양한 문화유산들이 더해졌다.

엑상프로방스에 최근에 생긴 전망대가 있다. 로통드 분수에서 5번 버스를 타고 레 트루아 물랭Les Trois Moulins이라는 정류장에서 하차 후, 골목을 걸으면 나오는 작은 공원인데, 엑상프로방스의 구 시가지를 감상할 수 있어 최근에 인기를 얻고 있다. 뒤에는 아파트 단지가 있어서 소란은 자제해야 하나, 공원으로 조성되어 출입은 자유롭다.

액상프로방스 생 소베르 대성당 ●

● 칼리송 뒤 로이 레네

● 시청

과채 시장 ●

오볼라 성당 ●

미라보 거리 ●

● 아르보 박물관

꼬몽 예술센터 ●

● 관광청 사무소

그라네 박물

● 민 투어리스트 기차

기차역

미라보 거리(Cours Mirabeau)

세잔을 비롯한 당시의 유명 인사들이 한 잔 하며 쉬던 넓은 거리는 현재 엑상에서 가장 번화한 중심가가 되었다. 베차드Bechard 같은 150년 된 유서 깊은 베이커리에서부터 다양한 카페, 매장, 음식점들이 있고 도시의 상징인 분수대가 길 한가운데에 있다.

계절에 따라 각종 행사가 열리며, 거리의 폭이 넓기 때문에 매주 주말과 평일(월, 수)에는 장터가 들어선다. 미라보 거리에서 열리는 시장은 장터의 느낌이고, 시청 쪽으로 열리는 시장은 전통 시장의 느낌이 강하다. 거리의 서쪽인 시작점에 로통드 분수가 있는데 날씨 좋은 날 일몰 직전 로통드 분수 쪽을 보면 예쁜 일몰을 볼 수 있는 장소이기도 하다.

주소_ 13100 Aix-en-Provence

로통드 분수(Fontaine de la Rotonde)

엑상프로방스 중심가에 있는 로통드 분수는 미라보 거리와 함께 엑상프로방스의 상징이다. '분수의 도시'라고 할 정도로 엑상프로방스에는 분수가 많은 데 1819년 피에르 앙리 렙일이 설계한 로통드 분수가 가장 유명하다. 주변에 여행 안내소가 있고, 대부분의 버스가 이곳에서 정차하는 만남의 장소이기도 하다. 숙소를 중심에 자리를 잡지 않는다면 반드시 지나쳐 가야 할 것이다.

세잔의 아틀리에(Atelier De C zanne)

세잔이 파리에서 나와 1902~1906년까지 마지막을 쓸쓸하게 보낸 집을 개조한 전시관이다. 원래는 도시의 개발 과정에서 철거될 예정이었지만 마을 사람들의 반대로 개조가 되어 현재의 전시관이 되었다. 현재 1층은 티켓과 기념품 판매장으로, 2층의 작업실이 개방되어 있다. 작업실만 유료이므로 작업실 앞, 뒤에 있는 정원은 티켓 없이도 자유롭게 돌아다니는 것이 가능하다.

작업실에는 세잔이 생전에 사용한 그림 도구, 발표하지 않은 미완성 그림, 세잔의 비밀 공간, 세잔과 교환한 서신, 어릴 적 시절의 사진 등을 관람할 수 있다. 작업실은 큰 공간이 아니어서 30분의 시간을 두고 25명씩 제한된 인원이 내부를 관람하고 다음 인원을 받는 방식으로 제한하고 있다.

홈페이지_ www.cezane-en-provence.com 주소_ 9 Avenue Paul Cézanne, 13100
요금_ 성인 6.5유로(학생 3.5유로, 13세 이하 무료) 시간_ 10~18시(6~9월 / 이외 기간은 10~12시30분, 14~18시)
전화_ 0442-210-633

폴 세잔(Paul Cézanne)

폴 세잔의 말미를 장식한 동네
답게 도시에서 세잔의 일상을
따라가는 관광 코스가 인기가
있다. 물이 풍부한 동네답게 다
양한 분위기의 분수대를 따라
서 트래킹해보는 것도 한적한
작은 동네를 알차게 돌아다닐
수 있는 방법이다.

화가의 고개

세잔의 아틀리에에서 조금 올라가면, 화가의 고개라는
언덕이 나온다. 현재는 공원이 되어 있는데, 과거에 세
잔이 자주 올라와 생 빅투아르 산을 바라보며 그림을 그
렸다고 알려져 있다.
엑상프로방스의 상징인 생 빅투아르 산을 바라볼 수 있
어 공원으로 바뀌었다. 공원에는 전 세계의 미술관들에
있는 세잔의 생 빅투아르 작품들의 카피본이 있어서 다
른 각도와 다른 느낌의 생 빅투아르 산을 직접 비교해볼
수 있다. 6~9월에는 Trois Bons Dieux 주차장에서 출발
하는 유료 셔틀버스를 타고 이동할 수 있다.

Monaco

모나코

Monaco
모나코

고급 레스토랑에서 식사를 하고, 호화로운 요트와 스포츠카에 감탄하고, 유명한 몬테카를로 카지노에서 블랙잭 게임으로 행운을 시험해 볼 수도 있다. 모나코는 오래전부터 부자와 유명 인사들의 사랑을 받은 관광지이며, 현재는 화려한 밤 문화와 아름다운 고전 건물과 궁전으로 관광객을 끌어들이고 있다.

About 모나코

모나코는 지중해의 독립 공국으로 프랑스에 완전히 둘러싸여 있다. 면적은 202ha에 불과하지만 약 35,000명이 넘는 사람들이 살고 있어서 동부에서 가장 인구 밀도가 높은 나라 중 하나이다. 정치 체제는 입헌군주제이며 독립적인 정부와 헌법을 갖고 있다.

모나코는 부자와 유명 인사들을 끌어들이는 매력적인 세법과 화끈한 도박으로 유명해졌다. 전 세계에서 가장 부유한 제트 족이 찾는 곳이라서 지레 겁을 먹을 수도 있지만 놀랍도록 저렴한 가격으로 모나코의 열정적인 라이프스타일을 경험할 수도 있다.

모나코는 세계에서 2번째로 작은 나라임에도 불구하고 부자와 유명인의 놀이터로 유명하다. 면적이 단지 202ha에 불과한 이 유서 깊은 지역은 그랜드 카지노, 디자이너 쇼핑센터, 화려한 바, 클럽, 인공 해변을 갖추고 있어서 1년 내내 유명 인사와 휴가객의 발길이 이어진다. 남프랑스에 위치한 모나코는 1년 내내 온화한 기후를 즐길 수 있지만, 관광객을 피하고 호텔 요금도 할인받을 수 있는 4월이나 10월의 초가을에 방문하는 것이 좋다.

해지고 난 후

해가 지면 멋지게 차려 입고 유명한 몬테카를로 카지노에 가 보자. 주차된 람보르기니와 애스턴 마틴을 지나 실내로 들어가면 화려한 실내 장식에 눈이 부시다. 인상적인 그림과 조각을 감상하고 진지한 표정의 사람들을 볼 수 있다. 특별한 밤을 원한다면 몬테카를로 오페라에서 공연을 관람해도 좋다. 몬테카를로 오페라는 아름다운 고전 건물이며 전 세계적으로 유명한 작품을 공연하고 있다.

부자들의 여행지

모나코는 전 세계 갑부들의 생활을 볼 수 있는 관광지이다. 항구에는 수많은 요트가 정박되어 있고 고급 바와 부티크가 셀 수 없이 많다. 최고급 카지노에서 행운을 시험하고 최고급 요리를 즐기는 것도 좋고 거리를 산책하며 쭉 돌아보는 것도 좋다. 화려한 공국을 제대로 경험하려면 적어도 며칠 이상 머물러야 한다.

올드 타운 & 항구

몬테카를로 항구나 콘다미네 마리나로 산책을 가면 수십억짜리 호화 요트를 구경할 수 있다. 올드 타운은 오래된 건물과 모나코 대공궁의 매력을 뽐내고 있고, 근위대 교대식을 구경하고 궁전 내부를 돌아볼 수도 있다. 올드 타운의 다른 볼거리로 모나코 성당과 유명한 모나코 해양 박물관이 있다. 박물관 내부로 들어가면 수많은 해양 생물을 살펴보고 아름다운 예술품과 유물 컬렉션을 감상할 수 있다.

퐁비에유로 발길을 돌려 모나코 대공이 수집한 클래식 자동차를 구경해보면 휴식을 취할 곳을 찾을 수 있다. 콘다미네의 이국적인 정원 안 몬테카를로의 일본식 정원에 꼭 들러 보는 것을 추천한다.

팔레 뒤 프린스(Palais du Prince)

팔레 뒤 프린스Palais du Prince는 모나코의 현재 국가 원수인 앨버트 2세의 공식 거주지이다. 건물은 13세기에 지어졌고 언덕 꼭대기에 위치하여 건물에서 모나코의 거의 모든 곳을 조망할 수 있다. 화려한 국가 원수의 공간을 보기 위해 많은 관광객들이 투어를 신청하고 있다.

현재 관광객에게 투어가 제공되는데, 안에 들어가면 궁전 안의 화려한 집무실, 이탈리아 스타일의 갤러리, 유명한 블루 룸, 팔라티노 예배당 등을 볼 수 있다. 해양박물관이나 왕자의 자동차 컬렉션을 함께 보려면 트윈 티켓을 구입해야 한다.

주소_ Palais du Prince, Monaco-Ville, 98015 Monaco   **시간_** 4~10월 중순(매일 10~18시)
전화_ +377-93-25-18-31

몬테카를로 카지노(Monte Carlo Casino)

모나코는 몬테카를로 지구의 수많은 카지노에서 보이듯 부유층과 유명 인사들을 위한 놀이터로서 가장 유명할 것이다. 몬테카를로 카지노는 가장 인기 있는 도박 핫스팟이지만, 카지노 드 카페 드 파리는 400개가 넘는 게임 비디오 포커 머신으로 모나코 공국에서 가장 큰 카지노이다. 유인과 비즈니스 거물들을 보려면, 몬테카를로로 가야 한다. 4개 카지노에 약 100개의 테이블 게임과 1,000개의 슬롯, 게임, 비디오 기계가 있다.

주소_ Place du Casino, 98000 Monaco   시간_ 14~16시   전화_ +377-98-06-41-51

메트로폴 쇼핑센터 (Metropole Shopping Center)

부유하고 유명한 사람들을 위한 놀이터로서 모나코의 위상을 고려할 때, 쇼핑 기회가 넘쳐
난다는 건 놀라운 일이 아니다. 카지노 가든 맞은편에 위치한 메트로폴 쇼핑센터는 디자이
너 부티크 매장만 80개가 입점해 있지만, 비싼 옷이나 상품을 구매할 생각이 없더라도 화
려한 인테리어를 구경하러 가볼 만하다. 대리석 바닥과 세련된 샹들리에가 있는 고급스러
운 분위기를 확인할 수 있다.

주소_ 17 Avenue des Spélugues, 98000 Monaco   **시간_** 월~토요일 10~19시 30분(일요일 휴무)
전화_ +377-93-50-15-36

해양 박물관 (Oceanographic Museum)

해양 박물관에는 6,000여 마리의 해양 생물과 재구성된 산호초가 있으며, 약 100개의 풀은 그 안에 살고 있는 동물의 자연 환경을 그대로 재현하도록 설계되었다. 1910년 공식적으로 개장한 해양 박물관은 세계에서 가장 오래된 수족관으로 알려져 있다.

상어, 성게, 다양한 열대 지중해 생물을 만나고 싶다면 오전 10시 전에 해양 박물관으로 가서 줄을 서지 빨리 입장해야 한다.

주소_ Avenue Saint-Martin, 98000 Monaco   **시간_** 10~19시   **요금_** €10(트윈 티켓, 팔레 뒤 프랑스도 입장 가능)
전화_ +377-93-15-36-00

해양 박물관과 다른 해군 박물관

마리나를 내려다보는 모나코 해군 박물관에는 스페인 갤리언 선, 로마 선박, 전통 바이킹 보트, 타이타닉 모형이 있다. 건물에는 총 250개의 선박 모형과 해양 유물이 있어서 모나코의 역사를 알 수 있는 곳이다.

주소 : Terrasses de Fontvieille, niveau 2, Avenue Albert II, 98000 Monaco
시간 : 매일 10:00~18:00   **전화 :** +377 92 05 28 48

모나코 대성당(Cathedrale Notre-Dam)

모나코 빌에 가면 19세기 동안 흰 돌을 사용하여 건축된 모나코 대성당을 볼 수 있다. 네오 로마네스크 양식 건축 안으로 들어가면 거대한 오르간, 하얀 대리석 제단, 16세기에 만든 장식물을 구경할 수 있다.

모나코의 상징적인 예배 장소로 모나코의 왕자와 공주의 유적도 보관되어 있다. 예배의 장소인 모나코 대성당을 관광하려면 한두 시간 정도를 예상하고, 적절한 옷을 입고 고요하게 건물을 둘러보며 예의를 지키며 보도록 하자.

주소_ 4 Rue Colonel Bellando de Castro, 98000 Monaco **시간_** 8시 30분~19시(미사 시간 제외)
전화_ +377-93-30-87-70

모나코의 휴식

모나코 빌(Monaco-Ville)

모나코는 세계에서 2번째로 작은 주권 국가이지만 카지노와 쇼핑 지구의 번잡함에서 벗어나 휴식을 취할 수 있는 녹지 공간이 풍부하다. 시내 중심가 바로 외곽에 있는 퐁비에유로 가서 자르당 에그조티크에서 휴식을 취할 수도 있다. 바다가 내려다보이는 멋진 풍경을 선사하며 7,000종 이상의 식물에 있다. 근처에는 종유석과 석순을 구경할 수 있는 전망대 동굴도 더운 날 찾으면 시원하게 볼 수 있는 곳이다.

평화롭고 조용하게 즐기고 싶다면 유서 깊은 모나코 빌 지구의 생 마르탱 정원을 추천한다. 공원은 구불구불한 길, 그늘진 벤치, 조각품, 해안 경관으로 가득하며, 관광객들이 붐비지 않아서 조용한 피크닉을 즐길 수 있어 휴식을 취하려는 모나코 시민들이 자주 찾는다.

주소_ Monaco-Ville, 98000 Monaco

라르보토 해변(Larvotto Beach)

모나코에는 대중에게 공개된 유일한 모나코 해변이 라르보토 해변이다. 태양이 내리쬐는 곳에서 즐기고 싶다면, 수상 스포츠를 즐기기 원한다면 라르보토 해변으로 향하자. 최근에 해파리 사고가 많아지면서 바다는 해파리에서 관광객들을 보호하기 위해 그물로 둘러싸여 있다. 모래사장이 길어서 일광욕을 할 공간이 충분하다.

편안한 장소를 확보하려면 수건을 놓거나 유료로 안락의자를 대여하는 게 좋다. 해변 자체가 많은 레스토랑으로 둘러싸여 있고, 무료 화장실, 탈의실, 샤워실 등의 시설을 제공한다.

주소_ Larvotto Beach, Monaco-Ville, 98000 Monaco

나이트 라이프

모나코에서 해가 진 후 술을 마시고 파티를 즐길 만한 술집과 나이트클럽이 많다. 모나코에서 태양이 지면 많은 사람들과 어깨를 나란히 하며 파티를 즐겨보려는 관광객도 많다. 어쩌면 유명인 한두 명 정도와 마주칠지도 모른다. 새벽까지 춤을 추든 재즈 스윙을 즐기든 모나코에서 밤에 즐기고 싶다면 찾아가보자.

지미즈 플라스 뒤 카지노는 멋진 칵테일, 가벼운 스낵, 도시와 바다의 멋진 전망을 제공하는 모나코의 가장 상징적인 클럽이다. 원형의 캐노피가 있는 야외 좌석 공간이 특히 매력적이다.

주소_ 26 Avenue Princesse Grâce, 98000 Monaco   시간_ 23시 30분~6시 30분(목~토요일 / 일~수요일 휴무)
전화_ +377-98-06-70-68

EATING

르 루이 XV

미슐랭 3스타의 유행에 민감한 레스토랑이다. 항상 북적이기 때문에 예약은 필수적이다. 와인 셀러에 400,000병 이상의 와인이 있고, 음식 메뉴는 목이버섯, 아보카도, 양배추와 함께 서빙되는 라비올리, 무청, 아기 순무, 핑크 페퍼를 넣은 블루 랍스터 등의 인기 있는 요리로 구성된다.

주소_ Hotel de Paris Monte-Carlo, Place du Casino, 98000 Monaco
시간_ 12시 15분~13시 45분, 19시 30분~21시 45분(금~월요일 / 목요일 저녁식사만 19시 30분~21시 45분
　　　(화요일과 수요일 휴무)
전화_ +377-98-06-88-64

조대현

63개국, 298개 도시 이상을 여행하면서 강의와 여행 컨설팅, 잡지 등의 칼럼을 쓰고 있다. KBC 토크 콘서트 화통, MBC TV 특강 2회 출연(새로운 나를 찾아가는 여행, 자녀와 함께 하는 여행)과 꽃보다 청춘 아이슬란드에 아이슬란드 링로드가 나오면서 인기를 얻었고, 다양한 여행 강의로 인기를 높이고 있으며 '해시태그 트래블' 여행시리즈를 집필하고 있다. 저서로 블라디보스토크, 크로아티아, 모로코, 나트랑, 푸꾸옥, 아이슬란드, 가고시마, 몰타, 오스트리아, 족자카르타 등이 출간되었고 북유럽, 독일, 이탈리아 등이 발간될 예정이다.

폴라 http://naver.me/xPEdID2t

프랑스 자동차 여행

인쇄 | 2024년 4월 17일
발행 | 2024년 5월 22일

글 · 사진 | 조대현
펴낸곳 | 해시태그출판사
편집 · 교정 | 박수미
디자인 | 서희정

주소 | 서울시 강서구 허준로 175
이메일 | mlove9@naver.com

979-11-93839-22-5(03920)

※ 일러두기 : 본 도서의 지명은 현지인의 발음에 의거하여 표기하였습니다.